Amata Neyer OCD
Hanna-Barbara Gerl-Falkovitz

Edith Stein

Herder
Freiburg · Basel · Wien

Herstellung: Freiburger Graphische Betriebe 1994
ISBN 3-451-23321-5

Inhalt

I. GESTALT

(von Amata Neyer OCD)

II. BEGEGNUNG

(von Hanna-Barbara Gerl-Falkovitz)

III. MEDITATION UND GEBET

I

GESTALT

1. Muttererde

Edith Steins erste Biographin, ihre Novizenmeisterin und Priorin im Orden Teresia Renata Posselt, beginnt ihr 1948 erschienenes Buch mit dem Kapitel „In Mutters Hut". Darin berichtet sie von dem wöchentlichen Familienbrief, den Edith Stein – schon als junges Mädchen, noch in reiferen Jahren und auch im Karmel – pünktlichst nach Hause schrieb, solange die Mutter lebte. Der Mutter vor allem galten diese schriftlichen Plaudereien, und an sie waren die Briefe addressiert: Auguste Stein, Breslau X, Michaelisstraße 38.

Die Familie Stein stammte aus Schlesien. Ediths Mutter, eine geborene Courant, kam aus Lublinitz, der Vater, Siegfried Stein, aus Gleiwitz. Ediths sechs Geschwister, alle älter als sie, waren teils in Gleiwitz, teils in Lublinitz geboren; sie selbst kam am 12. Oktober 1891 in Breslau zur Welt, und dort ist sie aufgewachsen. Ihr Vater starb, ehe Edith eine Erinnerung an ihn gewinnen konnte. Er bleibt in ihren sehr seltenen Erwähnungen eine eigentümlich blasse Gestalt; auch von seinen sehr zahlreichen Geschwistern erfahren wir fast nichts.

Dagegen spielte die Verwandtschaft der Mutter in Ediths Kindheit eine bedeutende Rolle. Solange Lublinitz zum Deutschen Reich gehörte (bis 1921), fuhr Auguste Stein jedes Jahr „nach Hause", und die Kinder verbrachten dort regelmäßig die Ferien. Die Courants waren eine wohlhabende und wohltätige Kaufmannsfamilie. Noch nach Jahrzehnten klingt aus Ediths Jugenderinnerungen dankbare Verbundenheit mit diesem emsigen, zugleich fröhlichen Kreis von Tanten und Onkeln, Vettern und Kusinen.

Diese Verwurzelung in einer „Muttererde“ ist für Edith Stein wichtig geworden. Sie war vermutlich als Kind so reichlich von Heimatgefühl durchtränkt und gesättigt worden, daß sie später nirgendwo Heimweh durchlitt. Die Quelle dieses inneren Daheimseins war die Mutter, anfangs wohl auch die älteren Schwestern, als sie noch Mutterstelle an Edith vertraten. Auguste Stein hatte nämlich nach dem plötzlichen Tod ihres Mannes dessen Holzhandlung übernehmen müssen. In Breslau noch fremd und in der Geschäftsführung unerfahren, war sie mit dem verschuldeten Unternehmen und sieben unversorgten Kindern in einer schwierigen Lage. Aber sie wußte sie zu meistern. „Was man will, das kann man“, war einer ihrer Lieblingssätze.

Von Auguste Stein ist ein Foto aus späteren Jahren erhalten. Eine resolute Geschäftsfrau blickt dem Betrachter entgegen. Unwillkürlich stellt man sich vor, daß diese Frau eine herbe, zuweilen unduldsame Matriarchalin gewesen sein müsse, und daran ist manches Wahre. Doch hatte Auguste Stein auch eine andere Seite: „Unverwüstliche Lebensfrische“ beseelte sie, sie war klug, dazu freigebig und gastfreundlich, durchaus nicht ohne Schalk und Humor. Edith schreibt von ihr, sie habe im höchsten Maße die Gabe, mit Menschen umzugehen (ESW VII, 17) besessen und eine vorzügliche Fähigkeit, ihren

Kunden gegenüber Entschlossenheit und Zurückhaltung abzuwägen und situationsgerecht einzusetzen. Als Edith heranwuchs, hatte sich das Geschäft längst zu einer soliden Firma entwickelt. Die Zeit äußerster Einschränkung war in der Familie vorüber; der häusliche Lebensstil hatte den Zuschnitt begüterter Kreise gewonnen.

Auguste Stein, von Kind auf an harte Arbeit gewohnt, war bis ins hohe Alter unermüdlich auf dem Holzplatz tätig. Sie sah es mit Freude, daß dieser allmählich zu einem wahren Kinderparadies wurde, auf dem mit ihren eigenen Kindern ganze Rudel ausgelassener Rangen tollten. Sie durften dort alles anstellen, was ungefährlich war und die Erwachsenen nicht störte. Gehorchen allerdings mußten alle, einschließlich der Angestellten.

Später übernahm der Sohn Arno als Chef das Unternehmen. Tochter Frieda leistete im „Kontor" die Büroarbeit, die etwas jüngere Rosa führte den großen Haushalt, zu dem auch Personal, Untermieter und häufige Gäste gehörten. Auguste aber blieb unangefochten die Mitte des Unternehmens und das Herz der Familie. Sie war immer, so schreibt Edith Stein kurz vor dem Tod der Mutter, „das starke Band, das die Familie zusammenhielt, jetzt schon vier Generationen" (ESW IX, 64 ff). Auguste Stein starb am 14. September 1936, dem Fest der Kreuzerhöhung.

Edith Stein hat dieses Todesdatum ihrer Mutter sehr viel bedeutet. Im Karmel war es der Tag der jährlichen Gelübdeerneuerung, und Edith hat ihren Weg in den Karmel darüberhinaus immer als eine „Kreuzberufung“ verstanden: Benedicta vom Kreuz, die Kreuzgesegnete. Diesen Ordensnamen hatte sie sich erbeten. „Unter dem Kreuz“, so schreibt sie in einem Brief, „verstand ich das Schicksal des Volkes Gottes, das sich damals schon anzukündigen begann“ (ESW IX, 124).

2. *Jüdisches Erbe*

Edith Stein stammte aus einer jüdischen Familie. Die Vorfahren beider Eltern waren Juden, soweit sich das zurückverfolgen läßt; sie kamen aus der Provinz Posen und aus Schlesien. In Preußen hatten die Juden durch das Edikt von 1812 erste bürgerliche Gleichberechtigungen erlangt; 1871 wurden diese Rechte für das ganze Deutsche Reich gesetzlich verankert. Der Emanzipation folgte in weiten Kreisen des Judentums eine Assimilierung an die nichtjüdische Umwelt. Den für die jüdische Bevölkerung neuen ökonomischen Möglichkeiten hatte sich eine kulturelle Anpassung verbunden, die Folgen für das geistige und geistliche Leben der Juden nach sich zog. In vielen jüdischen Gemeinden trat eine starke Liberalisierung von Kult und Gesetzesvorschriften zutage.

Das machte sich auch in den Familien Courant und Stein bemerkbar. Edith erzählt davon; in der Generation ihrer Großeltern war im religiösen Brauchtum und in der häuslichen Liturgie noch manches lebendig gewesen, das ältestem Herkommen entsprach. Jetzt trat es nach und nach zurück.

Auguste Stein galt in der großen Verwandtschaft als gläubige Jüdin, und sie war es wirklich. Es ist ihr dennoch nicht gelungen, ihren Kindern den Glauben weiterzugeben, an dem sie selbst festhielt. Edith Stein schildert in ihren Erinnerungen die häuslichen Feiern der großen jüdischen Fest- und Fasttage. Sie fügt aber hinzu, daß dies alles nur noch in ihren Kinderjahren so gehalten wurde; „später haben die liberalen älteren Geschwister meiner Mutter manches ‚abgehandelt'" (ESW VII, 44). Dennoch blieb ein fester Grundstock religiösen Brauchtums erhalten, und niemand dispensierte sich in der Familie davon, „auch als wir alle den Glauben unserer Mutter nicht mehr teilten und uns außerhalb des Hauses nicht mehr an die rituellen Vorschriften hielten" (ESW VII, 47).

Auch in der weiteren Verwandtschaft löste sich in der jüngeren Generation die Bindung an das Judentum von seiner religiösen Grundlage. In der Schule war es nicht anders. Der jüdische Religionsunterricht war so schlecht, berichtet eine Freundin, „daß selbst Ediths Ehrgeiz am Ende war". Im Abiturzeugnis ist das Fach unbenotet.

In Edith Steins Jugenderinnerungen („Aus dem Leben einer jüdischen Familie") nimmt die Schilderung jüdischen Glaubenslebens einen sehr geringen Raum ein. Doch verfolgt sie mit dieser Schrift auch ein anderes Ziel. Sie will festhalten, „was ich als Kind einer jüdischen Familie an jüdischem Menschentum kennengelernt habe". Sie will dem „erschreckenden Zerrbild", das der nationalsozialistische Rassenwahn zeichnet, ein selbsterfahrenes Zeugnis gegenübersetzen, das von „Herzenswärme, Verständnis, warme(r) Teilnahme und Hilfsbereitschaft" (ESW VII, 1 f) in jüdischen Familien spricht. Das religiöse Judentum gegen Verfälschungen zu verteidigen, den Gehalt seines uralten Glau-

bens auszuleuchten, dazu – so meint sie – sind Berufenere da. Ihr geht es um den Wert jüdischen Menschentums.
Edith Stein hat ihr Judentum nie verleugnet, auch in ihrer Jugend nicht, als sie den Glauben der Väter längst aufgegeben hatte. Wenn etwa in ihrer Umgebung eine antisemitische Bemerkung fiel – das kam auch im Kaiserreich gelegentlich vor –, so gab sie ihre Herkunft sofort zu erkennen. Im Kreis ihrer Kommilitonen und Freundinnen ist sie um diese Unbefangenheit öfters beneidet worden.

Religiöse Überzeugungen aber standen damals noch nicht hinter dieser Solidarität mit jüdischem Leben. Sie entsprang bei Edith vielmehr dem gesunden Selbstbewußtsein, wie es Menschen eigen ist, die ihre Herkunft von Herzen bejahen. Diese Verbundenheit mit ihrer jüdischen Familie hat Edith Stein niemals aufgegeben. Sie ist im Gegenteil später über den großen Kreis ihrer Blutsverwandten noch hinausgewachsen und hat alle Menschen umfaßt, die dem Judentum zugehörten.

Als Edith selbst Christin geworden war, ist ihr die einmalige und unersetzbare Bedeutung des jüdischen Glaubens erst wirklich bewußt geworden. Sie war glücklich darüber, Judenchristin zu sein, wie die hl. Apostel und die ersten Christengemeinden Judenchristen waren. Das religiöse Judentum, das sie als junges Mädchen „ganz bewußt und aus freiem Entschluß" (ESW VII, 121) aufgegeben hatte, wird für sie nun auf ganz neue Weise lebendig. Aus den Evangelien erfuhr sie ja, daß Jesus von Nazaret echter Jude gewesen war, daß er „gebetet hat, wie ein gläubiger und gesetzestreuer Jude betete“ (GK, 70). Jesus und Maria, Magdalena und Martha, Petrus und Paulus – sie alle wußten nichts von den Evangelien, die wir heute als Glaubenszeugnisse lesen. Vielmehr waren „die Schrift“ für sie jene Schriften, die man später das Alte Testament genannt hat.

3. *Drängender Geist*

In der Familie Stein fiel Edith schon als Kind durch ihre ungewöhnliche Intelligenz auf; vielleicht würde man heutzutage von Hochbegabung sprechen. Die Gabe schneller, scharfer Auffassung und ein ungemein gutes Gedächtnis zeigten sich bei ihr schon im Vorschulalter, und in der Hoffnung, ihr unter Gleichaltrigen sinnvolle Beschäftigung zu verschaffen, gab man sie in einen Kindergarten. Der Besuch dort wurde zum Fiasko. Die Kleine fühlte wohl instinktiv die Unterforderung und ertrotzte sich an ihrem sechsten Geburtstag die Aufnahme in die Schule, obgleich das Schuljahr schon halb vorüber war. Aber Denkarbeit und Hausaufgaben machen Edith nun glücklich. Der Aufsatz wird bald ihr Lieblingsfach; hier kann sie in Worte bringen, was sie innerlich beschäftigt. Und es gab vieles, was dieses kluge, hochsensible Kind bewegte und erregte. Damals, sagt Edith in ihren Erinnerungen, machte sie eine erste große Umwandlung durch. Sie war in den frühen Lebensjahren von quirliger Lebhaftigkeit gewesen, drollig und vorlaut, ein bißchen altklug, überdies ein ungewöhnlich hübsches Persönchen und der Liebling aller. Allmählich aber, so befinden ihre großen Geschwister, wird sie „ein Buch mit sieben Siegeln" (ESW VII, 37), in sich gekehrt und verschlossen. Was das heranwachsende Kind sah und hörte, wollte innerlich verarbeitet sein. Nicht immer gelingt die Bewältigung. Denn: „Von all diesen Dingen, an denen ich heimlich litt, sagte ich niemandem je ein Wort" (ESW VII, 49). Es kommt zu nächtlichen Angstzuständen und Fieberanfällen. Die Erwachsenen, so meinte Edith Stein später, pflegten im herablassenden Ton mit Kindern zu verkehren, und wenn sie etwas aus ihrem Innenleben erzählte, dann gaben sie es sich vergnügt als Kuriositäten weiter. „Da schwieg ich lieber still. In der Schule wurde ich ernstgenommen" (ESW VII, 53). Sie ist immer eine der besten Schülerinnen.

Um so größer war der Schrecken bei ihren Lehrern und in der Familie, als Edith mit vierzehneinhalb Jahren erklärte, sie habe „das Lernen satt" und werde nicht länger zur Schule gehen. Man schickt sie nach Hamburg, wo ihre Schwester das zweite Kind erwartet. Gesundheitlich prächtig erholt und seelisch gereift, kehrt sie im nächsten Jahr nach Hause zurück.

Bald gelingt es ihr, ihrem Leben wiederum eine Wendung zu geben. Sie beschließt die Rückkehr aufs Gymnasium, holt in Privatstudien das Versäumte nach und besteht drei Jahre später das Abitur mit Auszeichnung. Im Frühjahr 1911 immatrikuliert sie sich für vier Semester an der Breslauer Universität. Bald fühlt sie sich im Vorlesungsbetrieb wie in ihrem ureigenen Element. Ihr vorherrschendes Lebensgefühl ist Beschwingtheit und Begeisterung. Glücklich – und auch physisch in bester Verfassung – taucht sie in die Welt geistiger Interessen ein; belegt hat sie Germanistik, Philosophie, Geschichte und Latein. Was sie außerdem noch alles bewältigt, läßt erstaunen: Sie ist Mitglied im Studentinnenverein, im Preußischen Verein für Frauenstimmrecht, in der Pädagogischen Gruppe von William Stern, im Akademischen Humboldtverein für Volksbildung, im Bund für Schulreform ...

Zweifellos haben sich in Edith Stein damals Überzeugungen gebildet, die das ganze Leben lang trugen. Da ist zunächst der Bereich des Politischen. Daß Edith Stein ihm zeitlebens – auch als kontemplative Nonne noch – größte Aufmerksamkeit widmet, verdient betont zu werden. Sehr früh erwuchs daraus ihr leidenschaftliches Interesse an politischem Gegenwartsgeschehen und die aus diesem entspringenden sozialen Entwicklungen und Probleme. Schon in diesen Jahren sah Edith Stein ihr zukünftiges berufliches Wirken als einen verpflichtenden Dienst am Volksganzen an, auch aus Dankbarkeit gegenüber dem Staat, der ihr durch das akademische Bürgerrecht Zugang zu den Wissensschätzen der Menschheit eröffnete.

„Das beglückende Gefühl eines hochgesteigerten Lebens" (ESW VII, 184), das sie empfand, hat allerdings keine Belebung ihrer religiösen Einstellung bewirkt. Ethischer Idealismus jedoch beseelte sie auch damals schon. Das Ethos der Humanität, das Edith in den Werken der deutschen Klassik bewunderte, hat vielleicht den Boden bereiten helfen für spätere religiöse Überzeugungen. Edith besaß einen ausgesprochenen Sinn für alles Echte und Werthafte; das

Doppeldeutige, Seichte, Träge war ihr wesensfremd.

Darum war es für sie eine tiefe Beglückung, in den Kommilitonen und Kommilitoninnen Gleichgesinnte zu finden. Meist ging es in den Gesprächen mit ihnen um Zukunftspläne, um Ideale, denen sie durch ihr Wirken zum Sieg verhelfen wollten. Sie selbst fühlte sich in diesem Kreis als ein „reiches, bevorzugtes Geschöpf" (ESW VII, 184).

Auf der Strecke freilich blieb das Familienleben. Das aber merkte Edith kaum. Bei den häuslichen Mahlzeiten – falls sie daran teilnahm – war Edith schweigsam, versunken in ihrer akademischen Welt. Freunde mit in die Familie zu bringen, kam ihr nicht in den Sinn. „Ich lebte ganz in meinem Studium", schreibt sie später über diese Zeit, „und in den Bestrebungen, zu denen es mich geführt hatte ... und war mir keines Unrechts bewußt" (ESW VII, 184).

4. *Phänomenologie*

Das Hineinwachsen in die eigene Interessenwelt, verbunden mit wachsender Distanzierung von der bisherigen Umgebung, verstärkt sich bei Edith Stein in den kommenden Jahren. Im vierten Breslauer Semester stößt sie auf Namen und Werk des Göttinger Philosophen Edmund Husserl. Sofort ist sie entschlossen, nach Göttingen zu gehen. Es war ein lebensweisender Entschluß.

Husserls phänomenologische Methode, philosophische Probleme anzugehen, eröffnet Edith ganz neue Einsichten. Beständig prägt der Philosoph seinen Hörern ein, „alle Dinge vorurteilsfrei ins Auge zu fassen" (ESW VII, 230). Edith beginnt zu ahnen, daß sie „ohne es zu wissen", in mancherlei Hinsicht in die Fallen rationalistischer Vorurteile geraten war. Die Husserlschülerin Hedwig Conrad-Martius nannte später die Phänomenologie „eine völlig neue Welt der Forschungsart" (CM, 64). Sie erklärt weiter, daß alle jungen Phänomenologen sich einander in besonderer Weise verbunden fühlten, auf ganz andere Art jedoch als bei gewöhnlichen Freundschaften; es war etwas, so meint sie, wie „eine Geburt aus einem gemeinsamen Geist", der aber „keine inhaltliche gemeinsame Weltanschauung" (CM, 62) war. Edith Stein ist bis in ihre letzte Lebenszeit hinein mit Husserlschülern und -schülerinnen verbunden geblieben.

In Göttingen lernte Edith auch Max Scheler

kennen. Er war damals in der katholischen Phase seines wechselvollen Lebens und verstand es, durch seine Genialität und seine brillante Vortragsweise für katholische Ideen zu werben. Dabei hatte Edith das Empfinden, als träte ihr eine „bis dahin völlig unbekannte Welt“ (VII, 230) gegenüber, die Welt des Glaubens. Dieser Welt begegnete sie von da an zwar ohne Vorurteile, doch ist es zu einem tieferen Eindringen damals noch nicht gekommen.

Edith war ja übervoll von anderen Absichten und Interessen. Sie hatte den Plan gefaßt, sich am Ende des sechsten Semesters (der damals vorgeschriebenen Mindestzahl) zum Staatsexamen zu melden, wozu sie zuerst noch ihr Graecum ablegen mußte. Gleichzeitig begann sie mit der philosophischen Staatsarbeit. Husserl hatte ihren Themenvorschlag „Zum Problem der Einfühlung“ gebilligt und ihr zugestanden, daß sie die Arbeit später zur Doktorarbeit ausbauen könne.

Dieses sechste Studiensemester im Winter 1913/14, das zweite in Göttingen (WS 1913/14), wird für Edith zu einer Zeit schwerer Lebenserfahrungen. Niemand hatte sie zu den Gewaltakten des Lernens und Arbeitens gezwungen, die sie sich nun auflädt. Bald merkt sie, daß sie außerstande ist, das zu erreichen, was sie sich als Ziel gesetzt hat. Die mütterliche Maxime „was man will, das kann man“, erweist sich als Trug. Edith will – aber sie kann nicht. Sie will eisern – „aber die unerbittliche Mauer wollte nicht nachgeben“ (ESW VII, 246). Edith liest und schreibt, schreibt und liest – 18 Stunden täglich. Aber der zündende Funke will nicht überspringen. Jener schöpferische innere Anstoß, der alles Angesammelte in sinnvolle Bewegung setzt, Einfälle sprudeln und Gedankengänge zu einem geordneten Ganzen sich entwikkeln läßt – er versagt sich ihr.

Allmählich wird Edith Steins Zustand unerträglich. Die Tage werden ihr zur Qual, die Nächte zum Alptraum; alle Lebens- und Leistungsfreude versiegt. Für Edith Stein ist das eine ganz neue Erfahrung. Bisher hatte sie alles Gewünschte in ihrem Leben erreicht. So war sie „etwas geworden“: der bewunderte Liebling der Familie, glänzende Schülerin und Abiturientin, anerkannte, um Rat gefragte Studentin und Freundin, gescheit, zielbewußt, willensstark.

Mit äußerster Anspannung ringt sie jetzt um Klarheit der Gedanken. „Ich glaube“, schreibt sie später, „es kann sich kaum jemand davon eine Vorstellung machen, der nicht selbst schon philosophisch-schöpferisch gearbeitet hat“ (ESW VI, 251). In diesem Zitat ist nicht „philosophisch“, sondern „schöpferisch“ das wichtige Wort. Schöpferisch ist die aus der Wesensmitte des Menschen aufsteigende Kraft. Mag sie sich denkerisch, künstlerisch oder anders artikulieren – auch das Kontemplative ist schöpferisch, immer wird sie nur als Geschenk empfangen, niemals erzwungen, niemals verdient oder geleistet. Mag ein Mensch zuvor, wie Edith es getan, roden und graben und säen und gießen – und all dies muß ja geschehen –; so ist die Frucht doch immer gewachsen, geschenkt. Man darf vermuten, daß durch solche Urerfahrungen in Edith Stein Schritt um Schritt der Zugang freigelegt worden ist zu den meditativen Fähigkeiten, die ihr späteres Leben immer deutlicher begleiten und ihr am Ende die Kraft schenken, das Äußerste zu bestehen.

Noch aber sitzt die junge Edith an ihrer Doktorarbeit. Daß sie mit dem besten Prädikat ausgezeichnet wird, wissen wir. Ein „Retter aus der Not, (der wie) durch ein Zauberwort die ungeheuerliche Ausgeburt meines armen Kopfes in ein klares ... Ganzes verwandelt(e)" (ESW VII, 252 f) erscheint – es war Adolf Reinach – und verleiht ihr „Kräfte zu ungeahnten Leistungen". Dies geschieht nicht durch seine Mitarbeit, sondern allein durch sein Verstehen. Nicht die Kraft eines einzelnen, sondern lebendige Begegnung bringt schöpferische Bewegung zustande, auch dies eine Weisung für Edith Steins zukünftiges Leben.

5. Suche

Zunächst erfährt Ediths Arbeit in Göttingen eine schicksalsschwere Unterbrechung: Der Erste Weltkrieg bricht aus. Sofort fährt Edith nach Breslau. Sie hält es für ihre Pflicht – es ist eine mit Freude wahrgenommene – ihr privates Leben völlig zur Seite zu stellen. Sie will in ein Lazarett – „möglichst bald und möglichst weit hinaus, am liebsten an der Front" (ESW VII, 2 66) –, um Pflegedienste zu leisten. Nach ihrer Ausbildung beim Roten Kreuz kommt aber nicht gleich eine Einberufung. So kehrt sie zunächst nach Göttingen zurück und macht im Januar 1915 ihr Staatsexamen.

Von April an wird sie in einem Seuchenlazarett in Mährisch-Weißkirchen eingesetzt; sie hat diese Zeit sehr ausführlich in ihren Erinnerungen geschildert. Während sie im Herbst Urlaub macht, wird das Lazarett wegen Frontverschiebungen aufgelöst. In Breslau herrscht an allen Schulen Lehrermangel. So tritt Edith, zuerst vertretungsweise, dann als Referendarin, in den Schuldienst ein. Gleichzeitig bringt sie die noch unfertige Doktorarbeit zu Ende; sie wundert sich, um wieviel besser ihr das jetzt gelingt.

Inzwischen hatte Husserl einen Ruf nach Freiburg angenommen. So macht Edith dort im Sommer 1916 ihr Rigorosum und besteht es „summa cum laude". In Freiburg geschieht aber noch Bedeutsameres. Husserl braucht an seiner neuen Stelle dringend einen Assistenten. Seine Schüler sind alle im Feld. So bietet sich Edith für diese Aufgabe an, und Husserl greift das Angebot mit Freuden auf. Beide sind glücklich über diese unerwartete Lösung. Husserl hatte in Edith Stein immer seine begabteste Schülerin gesehen, und für sie war Husserls Urteil eine Wegweisung für ihre Zukunft, wollte sie doch durchaus nicht für immer im Schuldienst bleiben, sondern eine akademische, wissenschaftliche Laufbahn beginnen.

Schon nach knapp 1 1/2 Jahren endet diese gemeinsame Tätigkeit. Zu Ediths großem Kummer war es nie zu einer wirklichen Gemeinsamkeit gekommen. Husserl betrachtete sie – zumindest, was die alltägliche Zusammenarbeit anging – als eine Hilfskraft zum Ordnen seiner unzähligen Notizen. Zwar beauftragte er sie mit Anfängerübungen zur Einführung für seine Neulinge, doch fühlte Edith bei allem, daß sie im Grunde ständig aneinander vorbei arbeiteten. So bittet sie Husserl um Entlassung von ihrer Aufgabe, bleibt aber noch in Freiburg, um ihm bei der Herausgabe seines Jahrbuchs zu helfen. Edith Stein hat inzwischen einen Fragenkreis entdeckt, an dem sie weiterarbeitet, so oft sich eine Möglichkeit bietet: Der Aufbau – manchmal formuliert sie: die Analyse – der menschlichen Person.

Unterdessen ist der Weltkrieg in sein fünftes Jahr gegangen. In Ediths Briefen wird deutlich, wie sehr sie innerlich in Anspruch genommen ist von dem, was sich drohend zusammenbraut: der militärischen Niederlage Deutschlands, dem politischen Zerfall des Reiches, den wirtschaftlichen Zusammenbrüchen und sozialen Zerrüttungen. Am 12. November 1918 verläßt sie Freiburg. In Breslau stürzt sie sich „kopfüber in die Politik“ (ESW XIV, 110), wird Mitglied der neuen (liberalen) Deutschen Demokratischen Partei, besucht deren Versammlungen, macht selbst Vortragsreisen, entwirft Handzettel. Die kommende Nationalversammlung, so erkennt sie, „ist ja jetzt für uns die Lebensfrage“ (ESW XIV, 111 f). Obwohl sie sich nicht den Menschen zurechnet, die leichten Herzens alles Vergangene über Bord werfen, so hat sie doch „der Zusammenbruch des alten Systems ... davon überzeugt, daß es überlebt war“ (ESW XIV, 111 f), und sie will mit allen Kräften helfen, dem deutschen Volk eine neue Lebensform zu schaffen.

In den freien Stunden widmet Edith Stein sich weiterhin ihrer philosophischen Arbeit. Sie will diese als Habilitationsschrift einreichen. Im Laufe des Jahres 1919 versucht sie es an mehreren Universitäten – aber vergebens. Sie beginnt deshalb in Breslau mit privaten Vorlesungen in ihrer Wohnung. Diese werden zu einem unerwarteten Erfolg. Dennoch ist in ihren Briefen zu erkennen, daß Edith einer schweren Krise entgegenlebt. Im September 1919 schildert sie ihr Befinden so: „... körperlich wie immer ausgezeichnet; geistig ... ganz leidlich; seelisch äußerst schwankend, aber nie ganz schlecht; psychisch (was Sie sich ... mit ‚Nerven‘ übersetzen können) dauernd miserabel ...“ (ESW XIV, 120).

Das Jahr 1920 verbringt sie fast ganz in Breslau: „Es brannte mir zwar dort der Boden unter den Füßen. Ich befand mich in einer inneren Krisis, die meinen Angehörigen verborgen war und die in unserem Haus nicht gelöst werden konnte“ (ESW VII, 206). Auch gesundheitlich geht es ihr jetzt schlecht: „Wohl infolge der seelischen Kämpfe, die ich ganz verborgen und ohne jede menschliche Hilfe durchmachte“ (ESW VII, 207).

Diese Sätze stehen in einem merkwürdigen Widerspruch zu dem, was Edith Stein zwei Jahre zuvor im Oktober 1918 einem Studienfreund geschrieben hatte: „Ich weiß nicht, ob Sie aus früheren Äußerungen schon entnommen haben, daß ich mich mehr und mehr zu einem durchaus positiven Christentum durchgerungen habe. Das hat mich von dem Leben befreit, das mich niedergeworfen hatte und hat mir zugleich die Kraft gegeben, das Leben aufs neue und dankbar wieder aufzunehmen. Von einer ‚Wiedergeburt‘ kann ich also in einem tiefsten Sinne sprechen.“ Weiter erzählt sie dann noch, dies neue Leben sei für sie „innig verknüpft mit den Erlebnissen des letzten Jahres“ (ESWS XIV, 103 ff).

Zu den „Erlebnissen der letzten Jahre“ gehören sicherlich die Konversion des ihr sehr nahestehenden Ehepaares Reinach, Adolf Reinachs Tod an der Front, Ediths Teilnahme an seiner Bestattung in Göttingen, das Zusammentreffen mit seiner Witwe Anna und das Studium der religionsphilosophischen Notizen aus Reinachs

Nachlaß, schließlich Pauline Reinachs Taufe in Göttingen im März 1918, der Edith beiwohnte. All dies hat sie zweifellos zu einer ersten Annäherung an das Christentum geführt.

Ganz gewiß spielt aber der genannte Brief auch auf Ediths persönliches Verhältnis zu Roman Ingarden an, in dem es an Weihnachten 1917 zu einem – wie immer gearteten – inneren Bruch oder Abschied gekommen sein muß, obschon der freundschaftliche Briefwechsel noch über 20 Jahre weitergeht. Etwas Ähnliches scheint sich später in ihrer Beziehung zu Hans Lipps ereignet zu haben. Bemerkungen in ihren Briefen deuten nicht nur auf philosophische Interessen an seinem Werk und seinem Berufsweg – sie leistet kräftige Beihilfe zu seiner Habilitation – sondern auch auf eine liebevoll menschliche Teilnahme an seinem Leben hin. Aus Gründen, die wir nicht kennen, gehen jedoch ihre Wege auseinander.

6. Glaube und Lehre

Am Ende des Wintersemesters 1920/21 bricht Edith Stein von Breslau nach Göttingen auf, „der größten Entscheidung meines Lebens entgegen" (ESW VII, 209), wie sie später schreibt. Sie wird von da an niemals mehr ihren festen Wohnsitz in ihrer Heimatstadt haben. Im Sommer hatte sie in Göttingen die Husserlschülerin Hedwig Conrad-Martius kennengelernt, die mit ihrem Mann in Bergzabern ein Obstgut betreibt. Die beiden Philosophinnen verstehen sich sofort, und im Mai 1921 zieht auch Edith nach Bergzabern. Hier fällt sie dann die größte Entscheidung ihres Lebens: Am 1. Januar 1922 wird Edith Stein durch die Taufe in der Pfarrkirche St. Martin in die katholische Kirche aufgenommen.

Die schon in der ersten Biographie von Teresia Renata Posselt OCD geschilderte Lektüre der Vita Teresas von Avila hatte, um mit Edith selbst zu sprechen, „ihrem langen Suchen nach dem wahren Glauben ein Ende" (WK, 12) gemacht. Das ist nicht so zu verstehen, als habe es sich um ein Bekehrungserlebnis gehandelt, wie es etwa dem Apostel Paulus vor dem Damaskustor widerfuhr. Ediths Konversion war seit Jahren in ihrem Inneren vorbereitet. Sie selbst hat fast nie über dieses Geschehen gesprochen, und wir sollten uns diesem Schweigen anschließen. Es deutet aber manches daruf hin, daß Edith Stein zwar seit Jahren zum Christentum entschlossen war, daß sie aber lange Zeit hindurch zwischen den christlichen Konfessionen schwankte. Teresa von Avila, intelligente, brillant schildernde Schriftstellerin des Barock, Mystikerin in Spaniens Goldenem Zeitalter, ist leidenschaftliche Katholikin. Mit Theologie im Sinne von Wissenschaft beschäftigt sich Teresa nicht; Erkenntnis lehrmäßiger Glaubenssätze sucht Edith nicht bei ihr. Wenn aber ein gottsuchender Mensch dem Heiligen begegnet, dann mag wohl der zündende Funke überspringen: Leben weckt Leben, Person ruft Person, Beziehung lockt Beziehung hervor. Dies war es, was Edith für immer gewandelt und gefestigt hat.

Am 2. Februar 1922 wird Edith Stein in Speyer, in der Hauskapelle des Bischofs Dr. Sebastian, gefirmt. Der Generalvikar seiner Diözese besorgt ihr eine Anstellung an den Bildungsanstalten der Dominikanerinnen von St. Magdalena. Bald wird ihr das Kloster in der alten Kaiserstadt zur wahren Heimat. Sie lebt dort fast wie eine Dominikanerin unter Dominikanerinnen. Sie möchte nämlich, so schreibt sie, leben „als eine rechte Klosterfrau, wenn ich auch keinen Schleier trage und nicht durch Gelübde und Klausur gebunden bin und auch vorderhand nicht daran denken darf, diese Bindung einzugehen“ (ESW IX, 184 f). Edith Stein hatte seit jener Teresa-Lektüre die Absicht, später Karmelitin zu werden. Jedoch die Rücksicht auf die alternde Mutter, die die Konversion ihres Lieblingskindes nicht verwunden hatte, verbot zunächst einen Ordenseintrit.

Es kam aber noch ein weiterer Gesichtspunkt

hinzu. In St. Magdalena lernt Edith, daß es möglich sei, „Wissenschaft als Gottesdienst zu betreiben“ (ESW VII, 54 f). Bei aller Hochschätzung der pädagogischen Aufgaben fühlte sie sich in der Schule auf einem Berufsfeld, das sie sich ursprünglich nicht als Lebensaufgabe gedacht hatte. Damals war die scholastische Philosophie des hl. Thomas von Aquin *die* offizielle kirchliche Lehrmeinung. Deshalb faßt sie den Entschluß, sich neben der pädagogischen Arbeit „an etwas Größeres heranzuwagen, nämlich an eine Auseinandersetzung mit dem hl. Thomas“ (ESW IX, 184 f). Fachleute raten ihr zu dem Werk De Veritate, das sie in deutscher (Erst)Übertragung in zwei Bänden als „Des hl. Thomas von Aquino Untersuchungen über die Wahrheit“ herausgibt.

Ein weiteres Tätigkeitsfeld werden die öffentlichen Vorträge. Die katholischen Verbände, zumal Frauenvereinigungen, ziehen sie als Referentin heran, auch im Ausland; hinzu kommen Fortbildungskurse, Arbeitsgemeinschaften, eine ständig anschwellende Korrespondenz. Sich in die katholische Welt einfindend hat Edith Stein bald erkannt, daß es Probleme – zumal auf dem Gebiet der Frauenbildung – in Hülle und Fülle gab. Manches von ihr Dargelegte war vor 70 Jahren völlig neu. So sagt z. B. der Philosoph Erich Przywara SJ über ihren Salzburger Vortrag „Das Ethos der Frauenberufe“, daß er „auch und gerade dem anwesenden Klerus zum erstenmal ein wahres Bild der Frau zu vermitteln“ wußte (EP 64).

Unter diesen Umständen fühlten Ediths geistliche Berater sich verpflichtet, einen Klostereintritt dieser Referentin zu verhindern, verband sie doch Gottverbundenheit und Gelehrsamkeit, kirchliche Bindung und politische Klarsicht harmonisch miteinander. Von neuem versucht nun Edith Stein, sich zu habilitieren. Sie gibt den Schuldienst auf und beginnt eine große Arbeit „Potenz und Akt", die ihr den Zugang zum Akademischen Lehramt eröffnen soll. Aber auch dieser Versuch gelingt nicht; die Ungunst der Zeit sprach gegen sie.

Der Verein katholischer deutscher Lehrerinnen beruft sie zu Anfang 1932 als Dozentin an sein Institut für wissenschaftliche Pädagogik in Münster. Aber nur zwei Semester kann Edith dort wirken. Nach der „Machtergreifung" der Nationalsozialisten muß sie schon im Februar 1933 ihre Tätigkeit wiederum beenden.

7. *Karmelitanische Spiritualität*

Am 13. Oktober 1933 sitzt Edith Stein im D-Zug von Breslau nach Köln. Sie schreibt auf der Fahrt Kartengrüße, z. B. diesen an ihren Freund Roman Ingarden: „... Ich war die beiden letzten Monate bei meiner Mutter und bin jetzt auf dem Weg nach Köln, um morgen dort ins Kloster der Karmeliterinnen einzutreten. Es ist ein alter Plan, der durch die Zeitverhältnisse zur Reife gekommen ist ..." (ESW XIV, 234 f). Als Absender gibt sie an: Dr. E. Stein, Köln-Lindenthal, Dürenerstr. 89; das war die Anschrift des Karmel.

Auf zweifache Weise war Ediths Entschluß zu einem Leben im Karmel zur Reife gekommen. Zum einen hatte der Antisemitismus des „Dritten Reiches" ihr jede Betätigungsmöglichkeit als Dozentin, Referentin oder Autorin genommen. Zum anderen hatte auch bei Edith Stein selbst die Berufung eine neue Klarheit gewonnen. Schon in Münster hatte sie von scharfen Maßnahmen gegen die Juden gehört. Dabei war ihr plötzlich die Erkenntnis gekommen, daß es sich nicht um vereinzelte Ausschreitungen handelte, sondern daß die Juden in Deutschland vor einer Schicksalswende stünden. Sie begriff, „daß Gott wieder einmal schwer Seine Hand auf Sein Volk gelegt habe, und daß das Schicksal dieses Volkes auch das meine war ... Ich sprach mit dem Heiland und sagte ihm, ich wüßte, daß es sein Kreuz sei, das jetzt auf das jüdische Volk gelegt würde. Die meisten verstünden es nicht;

aber die es verstünden, die müßten es im Namen aller auf sich nehmen. Ich wollte das tun. Er solle mir nur zeigen, wie“ (WK, 6). Erst Wochen später kommt ihr der Gedanke, die gegebene Situation könne für sie ein Wink zum Eintritt in den Karmel sein. Sofort trifft sie Vorbereitungen, und gegen Abend des 14. Oktober, der Vigil des Hochfestes der hl. Teresa v. Avila, überschreitet sie die Schwelle zur Klausur – erschöpft vom schweren Abschied daheim, aber ruhigen Herzens.

Ihr Ordensleben beginnt ruhig. Es verläuft alles so, wie das Kirchenrecht es regelt. Sie durchläuft sechs Monate Postulat, ein Jahr kanonisches Noviziat und drei Jahre als Neuprofesse mit zeitlichen Gelübden, an deren Ende sie froh und dankbar die Profeß ablegt „bis in den Tod“. Die Einkleidungsfeier am 15. April 1934 hatte ihr mit dem Ordenskleid auch den gewünschten neuen Namen Schwester Teresia Benedicta a Cruce gebracht; das Datum der Professen ist der 21. April 1935 und 1938.

Edith Stein ist eine glückliche Karmelitin. Es ist das Glück eines reifen Menschen, der den Ort gefunden hat, „an den ich längst gehörte“ (ESW VII, 157f). Ihre heitere Gelöstheit, ihr fast schelmischer Frohsinn werden von vielen Zeugen erwähnt. Im Karmel kommt zunächst nichts Ungewöhnliches – wenn auch für die Philosophin manches Ungewohnte – auf sie zu. Es war nicht üblich, die Talente der Neueintretenden zu behindern. Sie darf von Anfang an alle notwendige Korrespondenz fortsetzen, unvollendet mitgebrachte Arbeiten fertigstellen und nach der Profeß ein großes philosophisches Werk beginnen, das freilich erst nach ihrem Tod als Buch erscheinen kann (1950), das Werk „Endliches und ewiges Sein".

Dies Werk nennt Edith Stein ihr Abschiedsgeschenk für Deutschland. Denn während im Kölner Karmel das Ordensleben unbehelligt weitergeht, wird draußen das Leben vieler Menschen, besonders für die jüdische Bevölkerung, unter den Wahnideen des nationalsozialistischen Regimes qualvoll bis zur Unerträglichkeit. Edith sieht fast die ganze Familie und einen großen Teil ihres alten Freundeskreises in Aufbruch und Auflösung – „über die Erde zerstreut", sagt sie und fügt hinzu: „... aber Gott weiß, wozu es gut ist" (ESW IX, 129 f).

Nach der Pogromnacht des 9. November 1938 kommt auch für Edith Stein die Zeit zum Aufbruch. Es war ihr eigener Entschluß, entstanden aus der Sorge, der Schwesterngemeinschaft Schwierigkeiten einzutragen. Sie wählt als neue Heimat den Karmel im niederländischen Echt/Limburg. Auch ihre Schwester Rosa, Katholikin seit 1936, findet im Echter Karmel Unterkunft. Aber diese Sicherheit ist nur von kurzer Dauer. Denn schon im ersten Jahr des Zweiten Weltkriegs besetzen deutsche Truppen große Teile Westeuropas. Damit bricht die brutale Judenverfolgung auch in die Niederlande ein. Zu den frühen Deportationen gehört die Verschleppung der katholisch getauften Juden: Ein Racheakt der Besatzer gegen die öffentliche Protestaktion der Bischöfe. Diese Gruppe deportierter Juden hat mit aller Wahrscheinlichkeit am 9. August 1942 in Auschwitz-Birkenau gemeinsam den Tod gefunden.

Während der deutschen Besatzungszeit hatte sich in den Niederlanden eine gut organisierte Untergrundbewegung gebildet. Als die Judenverfolgungen unter dem Kommando Seyß-Inquardts, des deutschen Reichskommissars für die Zivilverwaltung, die Form zynischer Razzien annahm, hat man auch Edith Stein die Möglichkeit zum „Untertauchen" angeboten. Sie hat Derartiges strikt abgelehnt. Auch ihre eigenen Bemühungen zur Auswanderung in die Schweiz, viel zu spät begonnen, lassen eine eigenartige Passivität erkennen. Dies läßt sich wohl nur so erklären, daß sie durchaus keine Möglichkeiten wahrnehmen wollte, die ihren jüdischen Schwestern und Brüdern verschlossen waren. Für Edith Stein war die Verfolgung des Volkes Gottes ein eschatologisches Zeichen. In Christus, hatte sie einmal gesagt, wohnt nicht nur die Fülle der Gottheit, sondern auch die Fülle der Menschheit. Die Vernichtung des Gottesvolkes greift Ihn an, den Menschensohn. Es war ihr Lebenswunsch, durch Teilnahme an seinem Leiden in Christi Erlösungswerk miteinzugehen, bis alles vollbracht war.

8. *Denkende Innerlichkeit*

Edith Stein hat in ihrem Leben – der Überblick in den vorhergehenden Kapiteln zeigt es – mancherlei Wandlungen durchgemacht. Häufig war eine solche Wandlung mit einem Wechsel des Ortes oder der Tätigkeit verbunden. „Oft im Leben konnte ich die scheinbar festesten Bande mit einer leichten Bewegung abstreifen und davonfliegen wie ein Vogel, der der Schlinge entronnen ist" (ESW VII, 186). Jedoch war es ihr wesensfremd, allein nach spontaner Willkür Einfällen nachzugeben. Schon über ihre Jugendzeit sagt sie: „Ich konnte nicht handeln, solange kein innerer Antrieb vorhanden war. Die Entschlüsse stiegen aus einer mir selbst unbekannten Tiefe empor. Wenn so etwas einmal ins helle Licht des Bewußtseins getreten war und feste gedankliche Form angenommen hatte, dann ließ ich mich durch nichts mehr aufhalten" (ESW VII, 124).

Wir finden hier einen prägenden Zug im Charakterbild Edith Steins. Sie hat es in ihren Schriften betont: Der Mensch als Person ist Eindrücken, die ihn berühren, nicht schlechthin ausgeliefert; er kann sich ihnen verschließen, sich von ihnen lösen, alle Reaktionen unterbinden. Andererseits hat er die Möglichkeit, das auf ihn Zukommende in sich einzulassen, es zu durchdenken, sich von ihm zu Entschlüssen anregen zu lassen.

Um den Eindrücken, Ereignissen, Anforderungen in der je angemessenen Weise zu antworten, bedarf es freilich der Fähigkeit zur Unterscheidung. Sie war Edith Stein in hohem Maß zu eigen. Dies nicht nur durch angeborene Veranlagung, sondern vor allem durch die Formung in der Schule Husserls und seiner phänomenologischen Forschungsmethode. Edith Stein war hochbegabt zu diesem forschenden Denken, das den Augenschein der Oberfläche zu durchstoßen und zum Wesen der Dinge und Sachverhalte vorzudringen versucht. So war es ihr zur bleibenden Haltung geworden, Dinge und Ereignisse denkend zu umkreisen, ungelösten Fragen sinnend nachzugehen, bis eine Lösung „ins helle Licht des Bewußtseins" trat und Entscheidungen möglich machte.

Ohne diesen Habitus ist der Mensch Edith Stein nicht vorstellbar. Die Reflexion war für sie ein unverzichtbarer Lebensvollzug, und kein Wechsel des Ortes, der Tätigkeit oder der menschlichen Umgebung, auch kein Wechsel der Gemütsverfassung oder des Befindens konnte ihn verschütten. – Das war auch im Karmel nicht anders.

Bei ihrer Konversion freilich hatte Edith Stein zunächst gemeint, es sei nun nicht mehr ihre Aufgabe, ihre Gedanken für „Irdisches" zu ver(sch)wenden, sie solle vielmehr „nur noch im Gedanken an göttliche Dinge leben" (ESW, 54). Die Wandlung, die dann in ihr beginnt, bringt sie zu neuen Einsichten. Sie erfaßt, „daß selbst im beschaulichsten Leben die Verbindung mit der Welt nicht durchschnitten werden darf" (ESW VIII, 54f). Die Welt ist Gottes ureigene

Schöpfung, sie spiegelt ihn wieder, und er liebt sie.

Edith Stein – zu komplizierten Denkschritten „durch Zergliedern und Zusammenfassen, durch Vergleichen und Sammeln, durch Schließen und Beweisen" (ESW XII, 195) jederzeit fähig – besaß zugleich „ein sehr einfaches, lenksames Gemüt" (A, 34). „Der wundersame Doppelsinn des Wortes gratia: Gnade und Grazie waren hier vereinigt" (CM, 74). Seit Edith Stein Christin war, konzipierte sie ihre Arbeiten mit einer geradezu „radikalen Orientierung am Übernatürlichen" (ESW VIII, 74). Bei ihren öffentlichen Vorträgen stieß sie zuweilen auf Kritik. Sie ließ sich dadurch nicht beirren. „Es ist im Grunde", so erklärt sie, „nur eine kleine einfache Wahrheit, die ich zu sagen habe: wie man es anfangen kann, an der Hand des Herrn zu leben ... Geistreiche Themen, ... die mir sehr fern liegen, ... kann ich nur als Einleitung nehmen. Vielleicht" – so fügt sie aufrichtig hinzu, „ist das eine sehr anfechtbare Methode. Meine ganze Rednertätigkeit ist so über mich hereingebrochen, daß ich noch gar nicht prinzipiell darüber nachgedacht habe. Wahrscheinlich werde ich das einmal tun müssen" (ESW VIII, 86 f).

Da ist sie wieder: die Methode des prinzipiellen Durchdenkens. Edith Stein meint nicht das Grübeln oder Sinnieren. Sie meint klares, sachliches Denken. Ihm schrieb sie für das geistliche Leben eine große Rolle zu. Dabei ging sie vom „Tiefsten im Menschen aus und nahm die im

Glauben erfaßte Angelegtheit des Menschen" (Balduin Schwarz) über sich selbst hinaus und auf Gott hin zur Grundlage ihrer Erörterungen, unbeirrbar überzeugt, daß christlicher Glaube, auch in der Gestalt seiner Worte und Satz gewordenen Aussagen, keine wissenschaftliche Auseinandersetzung zu fürchten habe, deshalb für jede religiöse Bildung unverzichtbar sei. „Die katholische Dogmatik", stellt sie dazu fest, „arbeitet mit einem scharfgeschliffenen Begriffsapparat ... So verderblich bloß gedächtnismäßiges Auswendiglernen der Glaubenslehre ist, so fruchtbar und bildungskräftig ist wirkliches verstandesmäßiges Eindringen in die Glaubensunterscheidungen" (ESW V, 184). Sie scheut sich nicht hinzuzufügen: je klarer die Glaubensaussagen herausgearbeitet und erfaßt werden, desto tiefer wird die persönliche Verbindung mit Jesus Christus, mit seinem Vater im Himmel und mit allen Heiligen.

Es ist wohl nicht zu bezweifeln, daß diese Sätze viel Autobiographisches enthalten. Da spricht Edith Stein, die Denkerin. Wo aber finden wir Edith Stein, die Mystikerin, die Meisterin des Weges? Wir finden sie in nächster Nähe.

Ein Weg ist zum Gehen da. An der Hand des Herrn will sie gehen und uns zu gehen lehren – das hörten wir. „Und weil von jedem Menschen, der an Gottes Hand geht, Ströme lebendigen Wassers ausgehen, übt er eine geheimnisvolle Anziehungskraft aus; ohne es anzustreben, muß er anderen zum Führer werden und ‚Söhne' und ‚Töchter' für das Gottesreich erzeugen und heranziehen ..." (F, 204).

Der Mensch ist darauf angelegt – auch dies hörten wir schon –, über sich selbst hinausgeführt zu werden auf Gott hin. Das aber bedeutet zugleich, er gelangt in sein Innerstes hinab. Edith Stein sagt es so: „Je höher sie (die Seele) zu Gott aufsteigt, umso tiefer steigt sie in sich selbst hinab ... Denn Gott ist im Innersten der Seele" (ESW I, 137 ff). Das ist die Sprache der Mystik. Höher und tiefer, außen und innen sind hier nicht räumlich zu verstehen; es sind dem Räumlichen entnommene Bilder, die uns helfen können, das Gemeinte auszudrücken.

Das Innerste des Menschen ist zugleich seine Mitte, Wurzelgrund seiner Individualität, Quellpunkt seiner schöpferischen Gaben, Funke seines kontemplativen Schauens. Diese Tiefe, so betont Edith Stein, „ist zugleich der Ort ihrer Freiheit: der Ort, an dem sie ihr ganzes Sein zusammenfassen und darüber verfügen kann ... Der Mensch ist dazu berufen, in seinem Innersten zu leben und sich selbst so in die Hand zu nehmen, wie es nur von hier aus möglich ist; nur von hier aus ist auch die rechte Auseinandersetzung mit der Welt möglich; nur von hier aus kann er den Platz finden, der ihm in der Welt zugedacht ist" (ESW I, 142 f).

Hier gesellt sich die Meisterin Edith Stein den großen Meistern zu, durch die sie selbst geführt wurde, vor allem Teresa von Avila und Johannes vom Kreuz.

Und nun wird es Zeit für uns, mit Edith Stein, der Meisterin auch unseres Weges, einzutreten in Gespräch und Begegnung.

II

BEGEGNUNG

„Darum darf die Seele Trockenheit und Dunkelheit als glückliche Anzeichen ansehen: als Anzeichen, daß Gott daran ist, sie von sich selbst zu befreien."

(ESW I, 122)

Edith Stein, nicht nur fromm, sondern auch klug, gibt hier einen tröstlichen Rat. Wie sehr wünschen wir alle, Gott näherzukommen, uns warm und wohl bei ihm zu fühlen. Und tatsächlich kennen wir, blitzlichtartig, zuweilen eine solche Nähe. Das Kreuz muß nicht das erste und einzige sein, das wir im religiösen Leben treffen, sondern zunächst eher eine kindliche Erfahrung: plötzlich zu Hause zu sein, die Hand zu spüren, die einen wirklich meint; nicht nur, wie es auf dem Papier und bei anderen beschrieben ist, sondern wirklich zu wissen: Ich bin gemeint, nicht alle anderen.

Dann mag ein Zweites kommen, fast genauso normal: die Phase, in der man Gott langsam wieder aus den Augen verliert (oder von ihm verloren wird); jenes eher graue Dasein, das kein großes Leiden bringt, sondern eine Zeit der Dunkelheit; jenes Kirchenmausdasein – wenn man so sagen will –, in dem wir zur Kirche gehen oder beten, regelmäßig und mühsam, von verschiedenen Motiven getrieben, guten und weniger ansehnlichen – doch bei allen Versuchen der Annäherung spürt man nichts. Das kann jahrelang so gehen. Statt einer Berührung, einer Botschaft: nichts.

Edith Steins Trost lautet: Das ist normal. Es kann auch im Bezug zu Gott nicht immer Wärme herrschen. Der erste Eros, die erste Liebe geht verloren – übrigens scheinbar, nicht wirklich. Dies nennt Edith Stein eine Prüfung, die Gott auferlegt – das graue Kirchenmausdasein einfach auszuhalten. Meistens rechnen wir es uns als Schuld an, nicht mehr so gut zu beten wie früher und von wer weiß welch großen Gedanken getragen zu sein. Unsere Ratgeberin meint, es sei nicht notwendig, sich dafür zu tadeln, da viele ähnliche Erfahrungen zeigen, daß sich Gott selbst entzieht. Wir können keine Illusionen heraufbeschwören: Er zeigt sich eben nicht. Obwohl er trotzdem auf der anderen Seite der Wand ziemlich nahe ist.

Das mag ein Leben lang so gehen und eine anstrengende Prüfung sein. Wenn wir sie aber ertragen, werden wir eine ganz ungewohnte Belohnung erfahren für diese bürokratische Treue, das stumme Doch-Dabeisein. Auch wenn man es nicht mehr ganz deutlich begründen kann, aber einmal hat man etwas erfahren und zehrt davon vielleicht fünfzig Jahre lang. Das ist Dunkelheit, Dürre – aber auch Weg, Vorwärtsgehen, spätere Seligkeit. Wieso? Weil Er es so will. Weil Er will, daß ich im Dunklen warte, ohne Bewegung, über mich selbst enttäuscht. Weil diese Enttäuschung an die Wahrheit heranführt, daß er in unerwartetem Maße Löser und Antwort wird auf alle Nöte, so daß nichts verloren ist von all meinen vergeblichen Anstrengungen.

An Gottes Hand warten – dieses schöne Bild, das bei Edith Stein häufig auftaucht, meint genau besehen: Das Warten selber ist schon seine Führung.

„Es ist eine falsche Auffassung, die annimmt, daß in der Kirche alles für alle Zeiten unabänderlich festgelegt sei; es wird naiv übersehen, daß die Kirche eine Geschichte hat, daß sie, ihrer menschlichen Seite nach, wie alles Menschliche von vornherein auf Entwicklung angelegt war, und daß diese Entwicklung sich häufig auch in der Form von Kämpfen abspielt.“

(ESW V, 116)

Es tut gut, solch kluge Gedanken über die Kirche aus dem Mund einer Frau zu hören, die in ihrem reifen Erwachsenenleben eine innere Erleuchtung erfuhr und daraufhin in die ihr bis dahin unbekannte Kirche heimflog wie eine Biene in den Stock. Es tut deswegen gut, weil diese aus einem ganz anderen denkerischen Horizont stammende Frau die Kirche als endliches Ankommen im Reichtum des Geistes empfand. So sind diese Sätze nicht säuerlich, sondern sachlich gesagt, in voller Zustimmung zu diesem Reichtum und gleichzeitig in der klaren Sicht, daß die Kirche, wie alles Lebendige und erst recht alles Menschliche, wächst, sich ändert, sich ausfaltet, manche Stellungnahmen wieder einfaltet, Zeit und Zuversicht zum Verstehen des Neuen braucht, Altgewordenes ohne Bitterkeit verabschiedet. Kurz: Daß die Kirche keineswegs am Ende ist, wenn, ja wenn sogar Kämpfe in ihr toben. Unruhe ist keineswegs von sich aus ein Zeichen des Geistes – es gibt ja auch die nervöse und böse Rastlosigkeit. Aber umgekehrt gilt doch: Wo der Geist ist, herrscht immer eine wundervolle und gewissermaßen glückliche Unruhe, Bewegung, Entfaltung.

So ist in Edith Steins Augen die Kirche menschlich-lebendig, ein immer neu gestaltetes Gefäß aus Ton für einen goldenen Inhalt, den es schützt, bewahrt, treu verwalten will, der umgekehrt das Gefäß veredelt, seine Ungemäßheit souverän überkleidet, seine Kirche auch immer neu „richtet" im Sinne von Geraderichten und Aufrichten. Von Edith Steins freiem und weitem Standpunkt aus – immer hat sie das Katholische frei und weit empfunden! – liebt sie es sogar zu denken, daß der Gefäßrand der Kirche von ihrem Inhalt überströmt wird, nicht weil die Kirche zu eng wäre, sondern im Gegenteil, weil sie unvermutet größer, offener, umfassender ist, als von außen gesehen. So kommt es zu dem schönen Satz, in dem die ganze Suche, aber auch das Ankommen Edith Steins in der Kirche, das Immer-schon-zuhause-Sein in ihrem unsichtbaren Ganzen einen großgedachten Ausdruck findet: *„Es hat mir immer sehr fern gelegen zu denken, daß Gottes Barmherzigkeit sich an die Grenzen der sichtbaren Kirche binde. Gott ist die Wahrheit. Wer die Wahrheit sucht, der sucht Gott, ob es ihm klar ist oder nicht."* (ESW IX, 102).

„Göttliches Leben aber ist Liebe, überströmende, unbedürftige, frei sich verschenkende Liebe: Liebe, die sich erbarmend zu jedem bedürftigen Wesen herabneigt; Liebe, die Krankes heilt und Totes zum Leben erweckt.“

(ESW V, 11)

Was in diesem Text als Liebe erscheint, ist einerseits wundervolle Erhöhung der eigenen Natur: Liebe bringt das Kostbare zutage, das unentbunden in uns verschlossen war, Liebe erweckt das Tote. Gott löst unsere Individualität.

Andererseits heilt er, was in der Regel heißt: Er schneidet mit derselben Souveränität auch ins Fleisch, tötet das *„eigene, geräuschvolle Selbst“*. Gott zerstört auch unser Mißratenes.

Und beides stammt von derselben Liebe, von demselben göttlichen Bildner: die Befreiung zu unserem Besten wie der Schmelzofen, der unsere Krankheiten verzehrt. Eben dieses doppelte Handeln macht den Umgang mit Gott für uns unübersichtlich, ja widerspruchsvoll. Der Widerspruch löst sich nur in einem Reifungsvorgang: im allmählichen Erwerben des Vertrauens, in allem geliebt zu sein. Diese Liebe wahrzunehmen ist ein ganzheitlicher Vorgang, bei dem nicht notwendig das Gefühl an erster Stelle stehen muß. Es kann nicht minder eine willentliche und glaubensmäßige Einsicht sein: etwa die Einsicht in die Verläßlichkeit der Offenbarung. Der Glaube an die Wahrheit ihrer

Zusagen kann auch da tragen, wo das Gefühl erschüttert ist.

Ebenso kann die Erfahrung von Zeugen tragen, von Frauen wie Männern, in denen die alten Worte Blut und Feuer gewinnen, die sich diesem lebendigen Leben ausgesetzt hatten und Wachstum *und* Beschneidung des Wuchses mitteilen können – auf dem Boden ihrer Erfahrung, daß beides Liebe war und aus Liebe stammte. Vielleicht wird ja der Glaube daran nirgendwo leichter, als wenn er von einem Geprüften, aus dem Feuerofen Geretteten formuliert wird, der weiß, wovon er spricht, wenn er das Ganze „Liebe" nennt, der noch, wie Edith Stein, sagen kann, daß *„Gottes Hand tötend den Tod in Leben verwandelt"* (ESW I, 180).

Gerade aus dem Mund einer geprüften Frau, die sich bewußt auf den Tod eingeübt hat und der dann wirklich Schreckliches angetan wurde, ist Liebe kein sentimentales Mißverständnis. Die Sicherheit, mehr als das: die Nüchternheit, mit der sie das Vertrauen auf das liebevolle Zuvorkommen Gottes ausspricht, weist den Resonanzboden eigener, nicht leicht errungener Erfahrung auf. Die Liebe, mit der Er liebt, ist das Vertraut-Schöne, Lebensteigernde, und sie ist ein *excessivum,* das Lebensprengende.

„Gott verlangt nichts vom Menschen, ohne ihm zugleich die Kraft dafür zu geben.“

(ESW II, 409)

Wenn von Religion oder Gott die Rede ist, meldet sich oft als das erste Gefühl, daß damit etwas am Leben beschwichtigt werden soll. Zum Beispiel Leiden, auch das Leiden an Unterordnung und zäher Benachteiligung, das gleichsam – so wittert man – zu früh und kampflos in eine Fiat-Haltung abbiegen soll, sich nicht wehren darf, geschweige denn verändert werden kann. Religion lehrt also Dulden ...

Dieses klassische Ressentiment ist möglich und bestimmt uns alle irgendwie, weil mit dem Religiösen nicht selten ein Zweck verfolgt wurde, und die christliche Geschichte von solchen Zwecken keineswegs frei ist. Zweck bedeutet zum Beispiel, die Religion als Mittel des Menschen zu mißbrauchen: um andere stillzuhalten, zu trösten, anzuspornen, in Gang zu setzen ... Aber auch gegenüber sich selbst: man kann das Heilige auch als Mittel zur eigenen Erbauung nutzen.

Beide Richtungen des Mißbrauchs halten nicht Stand vor dem Ernst, den Edith Stein im Umgang mit Gott erfährt. Dieser Umgang mit Ihm ist nicht eigentlich einfach; er wird es erst, wenn man eigentümliche Schranken, die seine Nähe versperren, niedergelegt hat. Zu solchen Schranken zählen etwa das bloße Gefühl, die religiöse Phantasie des ungereiften Menschen, die magische Erwartung, Gott müsse mir etwas ganz Bestimmtes erfüllen; dazu zählt überhaupt die falsche Blickrichtung. Die aufbauende Kraft des Heiligen mißt sich nicht an unseren „Bedürfnissen", ja kann unsere kindischen Wünsche zum großen Teil nicht einmal brauchen. Die Bewegung zwischen Gott und Mensch geht von Gott aus, nicht umgekehrt. Ein Beispiel: Leiden hat für den Leidenden keinen Sinn, aber es mag sein, daß es von Ihm her Sinn hat. Und von nirgendwo her sonst. Was Edith Stein an sich selbst trainiert und dann für uns gedanklich festhält, ist diese grundstürzende Offenheit auf das Geheimnis, daß Gott uns ergreift und nicht wir Ihn.

Und dann geschieht das Geschilderte: In diesem Ergriffenwerden richtet der Mensch sich auf, lebt auf, greift selber aus. Der Anruf wandelt sich in Kraft. Es ist älteste Erfahrung: Solcher Dienst beugt nicht, sondern stärkt. Wen Gott berührt, der ist nicht Sklave, sondern Freier. Und das ist nicht als theologische Schreibtischerkenntnis oder gut versponnene Mystik gemeint, sondern das meint Alltag und ist an seinem Probierstein zu prüfen. Denn Gott sehen wir nicht, wir hören ihn nicht. Aber *„jede sinnvolle Forderung ist sein Wort"*; überhaupt wo Sinn ist, ist Er. Auch hier ist er im Kleinen, im leisen Wehen, nicht in Donnergetöse und eindrucksvollen Blitzstaffagen. Die Epiphanien Gottes sind alltäglich-keusch, seit jeher. Und doch so wirksam im Alltäglichen, daß jedes Aufgreifen einer Aufgabe, meiner Aufgabe mich aufrichtet, kräftigt. So sind auch die Leiden als Aufgaben gemeint, daß selbst sie nicht bloß beschädigend, sondern Kraft entbindend wirken. Gott modelt – als großer Modellierer – ohne Aufhebens, aber so, daß der Widerstand des Menschen zur Zustimmung wird und *Erneuerung* und *Umwandlung* die Mühe begleiten. Wenn ein *Fiat* nötig wird, dann in der Weise, daß wir uns dieses Kostbare wünschen, darum bitten sollen.

„Freude ohne Ende, Glück ohne Schatten, Liebe ohne Grenzen, höchst gesteigertes Leben ohne Erschlaffen, kraftvollste Tat, die zugleich vollendete Ruhe und Gelöstheit von allen Spannungen ist – das ist ewige Seligkeit.“

(ESW VI, 110)

Edith Stein, die Spröde, hat dieses kleine Stück Prosa wie eine poetische Melodie niedergeschrieben. Im Hintergrund steht etwas stark Aufgeladenes: das Widerstreben unseres Jahrhunderts, auch und gerade in seinen Denkern und Literaten, an so etwas wie Seligkeit zu glauben, so etwas wie ein Dasein ohne Düsternis überhaupt zu wollen. Der absurde Sisyphus ist modern, der den Stein nach oben schleppt, von wo er herunterrollt und Sisyphus zum neuen Hinaufschleppen zwingt. Die tragische Geste ist modern, die umsonst das ewig Mißlingende neu beginnt und über den Beginn nicht hinausgelangt. Die Verzweiflung ist modern, die auf das Leben spuckt, weil sie es nicht bestehen kann. Schauerlich-reizvoll für viele Zeitgenossen scheint es zu sein, „Schmerz, Wut, Enttäuschung hinauszuschreien“ – haben wir nicht alle diese abgegriffene Wortfolge schon gehört?

Auch die Philosophie hat diesem Gefühl nachgearbeitet. Wo liegt der Sinn des Daseins? Ein Zeitgenosse Edith Steins, Schüler des gemeinsamen Lehrers Edmund Husserl, gab die berühmt gewordene Antwort, der Sinn des Daseins liege im Dasein selbst, das heißt in seiner Sinnlosigkeit. Der Name dieses Bekannten ist Martin Heidegger; andere Nach-Denker heißen Camus und Sartre.

Edith Stein unternimmt es, von ihrer innersten Überzeugung, ja ihrem Wissen angespornt, den Satz vom sinnlosen Dasein aufzubrechen. Und sie spricht nicht aus Verteidigung, sondern – wenn man dies bei der Poesie der Sätze sagen kann – aus sachlicher Erkenntnis. Das Leben ist nicht nur gemein. Es gibt eine Sehnsucht in uns, die ihrer selbst sehr sicher ist und bei allem Totsagen immer wieder aufbricht: daß die jetzige Leere eine Erfüllung finden wird. Aber wie jede seelische Mitgift läßt sich auch diese wegdenken, bestreiten. Ist die tragische Lösung nicht tragisch schöner: Keiner will und kann mir helfen, kann in den Abgrund meiner Existenznot hinunter? Bin ich nicht so groß wie mein Unglück? So klammern wir uns wollüstig an unsere Unerfülltheit. Wehe dem Glücklichen – entweder ist er dumm oder kindlich-unerfahren oder vieles andere noch, nur glaubwürdig ist er nicht.

Und auch das Glück des kommenden Lebens, das die Bibel benennt, ist in die Märchenkiste geraten. Zu schön, um wahr zu sein. Die Religionskritik des 19. Jahrhunderts ist über uns hinweggefegt und hat unser Glücksverlangen als Selbstliebe und Selbstbetrug angeschwärzt. So leben wir kümmerlich und erwarten Kümmerliches vom Leben. Wie aber, wenn es Gott gefällt, uns glücklich zu machen? Werden wir dann scheu auf die Seite blicken, beinhart vor

Enttäuschung und vor dem Geist des 20. Jahrhunderts, welcher alles verboten hat außer der Abgebrühtheit im Absurden und dem Schmerz um sich selbst?

Nichts ist so schwer, wie seiner innersten Sehnsucht nachzugeben und Gott und dem Glück zu trauen. Und nichts ist uns doch so in Fleisch und Bein eingeschrieben wie gerade das. Vielleicht kommt eine Zeit, reifer als die unsere, die Gott und alle Sehnsucht wieder zusammenzudenken wagt.

„Und weil von jedem Menschen, der an Gottes Hand geht, Ströme lebendigen Wassers ausgehen, übt er eine geheimnisvolle Anziehungskraft auf durstende Seelen aus."

(F, 205)

Edith Stein gibt hier eine schöne, selbsterfahrene Psychologie weiter: die Psychologie des Christ gewordenen Christen. Er ist Feuer vom Feuer geworden, Strom vom Strom, durch die Berührung mit dem göttlichen Magneten selbst ein Magnet. Und das meint eine beträchtliche Umwandlung unserer hochmütigen Demut und eingewachsenen Kleinlichkeit, die eigentlich gar nicht glauben kann, daß Gott in uns sein Leben aufbrechen könnte. Denn der Nichtglaube wagt nicht und gewinnt nicht; er läßt den Löser erst gar nicht an die eigene Kapsel heran, und so kann das lebendige Wasser nicht fließen.

Stattdessen wird die Hand Gottes einen „Auszug aus mir selbst" und aus meiner eigenen Grenze vorbereiten. Statt Selbstverschließung kommt es zur Seligkeit, sich an den Blutkreislauf, an das Geben und Nehmen des größeren Lebens anzuschließen. Denn am Grund des Daseins wartet nicht eine Sache, nein: es wartet ein Antlitz. Das Leben treibt wesentlich auf Begegnung zu: auf Hingabe und Hinnahme. Und ist sie einmal vollzogen und immer wieder geübt, so gelingen auch die anderen Begegnungen besser, die menschlichen.

Merkwürdig, wie rasch die anderen wittern, wenn jemand eine solche Öffnung vollzogen hat und der Hingabe fähig ist. Obwohl sich an den äußeren Lebensumständen nichts geändert haben mag, obwohl sogar zu einem solchen gelösten Menschen Härte und Einsamkeit gehören können. Irgendetwas ist ihm unwichtig geworden: das übliche Auf und Ab des Lebens. Etwas anderes, nein, jemand anderer hat die Mitte des Denkens und Tuns besetzt, und die beladene Seele hat dort abgeladen und sich wie nie zuvor aufgerichtet, ist jetzt größer als zuvor. Manche Menschen tragen erfahrbar das Siegel des Urlebendigen an sich. Und nichts ist unwiderstehlicher, als jemand zu begegnen, der am frischen Wasser wohnt und es weiterleiten kann.

„Es muß ja so sein, daß man sich ohne jede menschliche Sicherung ganz in Gottes Hände legt, umso tiefer und schöner ist dann die Geborgenheit."

(ESW IX, 102)

Der Vorgang ist aus der Literatur und als theologischer Gedanke bekannt; man erzählt anderen in Stunden schweren Leides zum Trost, daß es so etwas gebe: Abladen und Neugeburt. Aber wer es selbst oder an anderen erlebt hat, wird nicht mehr schüchtern und mit falsch klingender Stimme davon reden. Edith Stein, die es tatsächlich in schwerer Krise erlebt hat – sie sprach sogar von Ertrinken –, hat in ihren Einsichten den nüchternen Ton, der weiß, was er sagt, der weiß, warum er es sagt. Und der deswegen sich nicht scheut, altbekannten Trost als heute wirklich, als wahrhaft wirksam und am eigenen Leben überprüfbar anzuführen. Es gibt die Kraft von der anderen Seite, und es ist keineswegs leicht, einen solchen Satz einfach fromm zu erfinden. Das Sensorium für Religiöses ist sehr fein und wird unfehlbar auf Lügen reagieren. Auch wer Durst hat, kann nicht versalzenes Wasser trinken. Die Sicherheit, mit der Edith Stein das Getragenwerden von Gott ausspricht, stammt von ihrer Feuerprobe, alle menschlichen Sicherungen aufzugeben.

Und das Erstaunliche ist, daß der an sich selbst geklammerte Mensch das heimatliche Haus ja genau dann aufgibt, wenn der Unvertraute und doch so Ersehnte sich wirklich meldet. Daß die Seele sich willig durchkreuzen läßt, wenn in der Leere Freiheit und Fülle warten. Dies geschieht, wenn man sich „verläßt" im schönen Doppelsinn des Wortes: sich aufgeben und vertrauen. Im Widerspiel von Vertrauen und Verlassen seiner selbst liegt die Seligkeit, die freilich einen Mitspieler voraussetzt, der uns herauslockt. Und sei es durch sein Verbergen, wie Edith Stein den Mystiker des 5. Jahrhunderts, Dionysius Areopagita, zitiert: „Gott entzieht sich, aus Lust, sich finden zu lassen."

„Der Himmel nimmt einem nichts, ohne es unermeßlich zu vergelten.“

(ESW VII, 53)

Es gibt eine Armut des Menschen, in die Gott sich geradezu hineinstürzt. Warum nimmt er dann überhaupt weg? Weil die verengende, verkleinernde Eigentätigkeit des Menschen selbst erst ins Leere abgestürzt sein muß. Das Dunkel ermöglicht eine Vereinigung, die dem hellen, in sich eingewurzelten Selbst undenkbar, sogar unsinnig vorkommt.

Wie Edith Stein in ihrer großen *Kreuzeswissenschaft* ausführt, gibt es eine tiefe, schreckliche und überaus schmerzliche Zerstörung der natürlichen Erkenntniskraft, die sofort gesund macht. So gesund, daß genau jetzt die „fremdartigen Berührungen der göttlichen Liebe“ empfunden werden. So ursprünglich, daß alles Verlorene restlos, aber neu zurückkommt. Diese Wiedergeburt fällt genau mit dem Untergang des Natürlichen (der Bildkraft, des Verstandes, des Willens) zusammen – und darin liegt das Ungeheure, dem der Glaube ausgesetzt ist.

Was Trockenheit, Dunkel, Verlorensein, Leiden heißt, heißt, ganz unten angekommen oder am Boden der Entbehrung aufgeschlagen: Geborgenheit, Läuterung, Kraft. Gefaßt ist diese unglaubliche Spannung in der wunderbaren Wendung, die sich Johannes vom Kreuz verdankt: „Im Dunkel wohl geborgen“. Die beiden

Seiten der Spannung sind ernst zu nehmen, sie schwächen einander nicht ab. Das Dunkel gilt in seiner Bedrohung, die Bergung gilt in ihrer Seligkeit. Beide vermischen sich nicht, sie gehören aber zueinander, ja, sie steigern sich aneinander.

„Gott wirkt nur darum hier [im Innersten] alles, weil sich die Seele Ihm völlig übergibt. Und diese Übergabe ist die höchste Tat ihrer Freiheit.“

(ESW I, 145)

Nicht der Standpunkt, auf dem ich, die Ellenbogen angewinkelt, bewegungslos als „ich selbst“ stehe, ist entscheidend, sondern die Bewegung, die aus mir aufsteigt und mich gleichzeitig über mich selbst hinaus öffnet (und deswegen auch verletzlich macht, wovor so große Scheu besteht). Nicht sich abzugrenzen ist das letzte, sondern sich zu vereinen. Sich verlieren und dabei sich finden: das ist nicht in der Selbstbehauptung möglich, die sich auf sich selbst versteift – aber möglich ist es in jener Führung, die mich auf ein „mehr“ hin öffnet. Aus der Führung des Souveräns wird Hingabe sinnvoll – und nur dort übrigens, was zugleich den alten Verdacht ausräumt, daß Hingabe immer entgleisen muß und nichts anderes ist als listig umbenannte Preisgabe. Bei einem solchen Gegenüber entgleist sie eben nicht. In diesem höchsten Widerspiel von Geben und Sich-Nehmen-Lassen liegt Freiheit. Die Freiheit, daß ein anderer, Größerer mich zu dem entbindet, was ich wirklich bin.

Autorität kommt ursprünglich von *augere*, das heißt Wachsenlassen. Es gibt eine Vaterschaft, die nichts anderes ist als Mehrerschaft. Und auf der Seite der Seele gibt es eine Auslieferung, die nicht Abhängigkeit zeigt, sondern Zeugnis ablegt für die befreite Freiheit. Hier gibt es den absolut erfüllten Selbstbesitz: die gottähnliche, ja gottgegründete Autonomie des Menschen. Und trotzdem kann der Mensch absolut gehorchen – Gehorsam nicht im Sollen, sondern in der Erfahrung von Freiwerden.

Diese zwei Dinge hat das atheistische 19. Jahrhundert nicht mehr denkerisch zusammengebracht: daß die Fülle Gottes und die Fülle der menschlichen Freiheit zusammenbestehen, daß Gott den Menschen steigert, daß Ihm Gehorchen Wachstum bedeutet. Zahlreich wie der Sand am Meer und die Sterne des Himmels sind die Nachkommen dieses seltsamen Begreifens – Edith Stein gehört dazu. Es ist das biblische Denken des alten und neuen Israel, das die zum Irrsinn werdende Anstrengung der Selbstbefreiung überholt. Auch den Irrsinn eines in den eigenen Abgrund versiegelten Daseins. Auch den Aufruhr gegen den Urheber der Freiheit, was doch nichts als eine kleindenkende Sklavenseele verrät.

„Es ist das große Geheimnis der persönlichen Freiheit, daß Gott selbst davor Halt macht. Er will die Herrschaft über die geschaffenen Geister nur als ein freies Geschenk ihrer Liebe."

(ESW I, 144)

Für die Religionskritik des 19. Jahrhunderts war Gott die Angst des Menschen, selbst frei zu sein. Dieser Angst-Gott wurde ermordet ... Seitdem begleitet eine verzweifelte Suche nach Freiheit die Moderne. Offenbar erwartet sie die gültige Beschreibung des Freiseins nur mehr aus der Abwendung von dem übermächtigen Popanz. Dem liegt das Gefühl zugrunde, daß Gott eine Art Überwältigung sei, eine Überflutung kraft stärkeren Willens, dem sich der Mensch nur beugen könne. Tatsächlich ist dies das Grundgefühl der Mythen, wo die Götter den Menschen „heimsuchen" im Sinne der Ekstase, des Bewußtseinsverlustes, ja der Berauschung, die erst danach wieder zu sich findet und kaum begreift, was vor sich ging.

Von der Bibel her verstanden ist es allerdings genau umgekehrt: Gott hat Sehnsucht nach Freien. Freiheit ist sogar die Notwendigkeit seines eigenen Wesens: Er führt Israel – ziemlich gegen dessen Fleischtopf-Willen – aus dem Sklavenhaus. Und derselbe Vorgang kennzeichnet schon die Schöpfung. Was Gott schafft, schafft er unter dem Siegel der Selbständigkeit. Wirkliche Freiheit ist sich selbst absolut treu –

sie muß sich auch als Ursprung anderer Freiheit zeigen. Gott ist in seinen Geschöpfen ganz anwesend und zugleich ganz unaufdringlich. Zu seiner Souveränität gehört das Loslassenkönnen. Das unendliche Leben sichert sich nicht gegen das endliche ab: Diese Liebe ist königlich in der Form des Weggebens, lebt ihre Fülle in der Form des fremden Eigenstandes.

Wo Gott und Mensch aufeinandertreffen, wird keineswegs Überwältigung gefeiert und ausgelebt. Im Gegenteil: Freie Zustimmung wird erbeten. Übrigens geschieht dies biblisch häufig nicht im unmittelbaren Einbrechen Gottes, sondern durch einen Boten *(angelos)*. Diese Verhaltenheit ist Grundzug der Offenbarung: der Freie, der seine Geschöpfe frei antworten hören will. Die göttliche Souveränität zwingt nicht einfach; die Epiphanien des einzigen Gottes sind keusch. Gott tobt sich nicht aus in seinem Gegenüber. Ganz ist er da und doch nicht erschlagend anwesend, im Unterschied zu allem magischen Sog der Götzen. In den Begegnungen ist der Souverän bittend, einer Antwort bedürftig. Und in den Antworten verdichtet sich alles, was menschliche und geistvolle Freiheit meint: ein Aufrechtstehen und nicht Überlistetwerden, eine wahre Entscheidung und nicht ein Nachsagen. Nur wer frei ist, hat nichts dagegen zu gehorchen. Wer gezwungen wird, kann nicht dienen. Alles andere ist unwürdig zu denken, sonst wird Gottes Werbung um uns zur Schablone.

Was bleibt hier von der „Tyrannei" eines göttlichen Sklaventreibers? Gott und der Mensch sind zwei, aber in völliger Hingabe aufeinander bezogen. Die wirklich souveräne Liebe, Seine Liebe, sehnt sich nach der Freiheit, dem Selbstsein des anderen – und das ist ihre Verletzlichkeit. Grenze nicht der Allmacht, sondern von innen aufgerichtete Grenze der Liebe. In der er sich übrigens selbst unendlich über alle Selbstsicherung hinüberwarf. So weit, daß Edith Stein sagen kann: *„An dem Tage, an dem Gott schrankenlose Macht über unser Herz haben wird, werden wir auch schrankenlose Macht über das seine haben"* (ESW XI, 132f).

„Rückschauend erkennt dann die Seele, daß ihr alles zum Heil geworden ist und daß das Licht den Finsternissen entspricht."

(ESW I, 180)

Hier wird die schwere Frage berührt, was der Sinn des Leidens sei. Die Antwort: So sehr die Finsternis finster bleibt – das Licht unterfängt sie. Im Grunde erlaubt sich das Licht die Zumutung des Leidens, *„weil man im Leiden Kraft von Gott empfängt"* (ESW I, 123). Und woher wäre sonst das Leiden zu rechtfertigen, wenn dieser Satz nicht wahr wäre? So gilt das Paradox, *„daß das Licht den Finsternissen entspricht"*, aber es gilt unsymmetrisch: Die Finsternis ruft nach dem Licht, erzwingt das Licht – aber nicht umgekehrt. Der Tod steht nicht in gleichgültiger Balance zum Leben: Er ist dessen bitterer Widerpart und stürzt doch, am Boden der Bitterkeit, auf das Leben zu.

Dabei handelt es sich nicht um ein simples, gesetzmäßiges Funktionieren einer eigenartigen Mechanik, sondern um das personale Durchbrechen jeder Mechanik. Die Paradoxie solcher gewagter Sätze darf nicht mißverstanden werden als ein psychologisches oder sonstiges Gesetz. Das Vertrauen auf ihre Richtigkeit liegt ausschließlich im Bereich des Unerwarteten, Unausdenklichen, das gegen alle Hoffnung erhofft wird. Und nur da gilt die Paradoxie. Sonst gelangt eine Zweckrichtung in das Ganze, die alles verdirbt: leiden, um zu ... Leiden hat keinen Zweck. Nur ein einziger Wille, das Antlitz Gottes, gibt ihm Sinn. Besser gesagt: Der Sinn taucht zugleich mit diesem Antlitz auf (und verliert sich mit ihm). Mit der Paradoxie kann man nicht rechnen, man kann sie noch nicht einmal bis zum Grunde denken – man kann sie leben oder wohl eher: von ihr eingeholt werden.

Das in der *Kreuzeswissenschaft* (ESW I) Gesagte ist für den Ernstfall gesprochen, es trifft aber nicht weniger den All-Tag, die Grundform der Lebensführung. Eigentlich ist dort das Training solcher Umdrehungen, Umwertungen schon gegeben. Edith Stein beschreibt mit dem Paradoxen und Widerspruchsvollen dieser schmerzenden und heilenden Vorgänge das normale Leben, nicht seine Ausnahme oder Sonderform. In dieser Wahrnehmung des Lebens gilt es sich zu trainieren – wie es der Karmel versucht. Stufen einer solchen neuen Blickschärfung kommen zur Sprache, auch in einer anderen Art des Schaffens. Die „Normalform" lautet: Wir bestätigen uns selbst im Schaffen. Aber der Ort des wirklichen Schaffens ist: im Kleinen bleiben, indem man von sich wegsieht im Tun, ja das Tun gar nicht mehr auf sich selber richtet (vom Nötigsten abgesehen). Freilich darf man dies nicht mit Nietzsches „Ressentiment der schlecht Weggekommenen" tun, jener, die sich ewig betrogen fühlen. Es geht vielmehr um die Haltung, alles gegeben zu haben und trotzdem nichts zu verlangen, auch nicht ein Gegen-Geschenk. Kommt dieses Geschenk aber, dann gilt es, mit der größten Freude und nicht selbstverständlich darauf einzugehen: Dies ist Freiheit, sowohl dessen, der alles hingibt, wie dessen, der alles zurückgibt.

„Ich denke, auf alle Fälle ist es ein sehr sicherer Weg, von sich aus alles zu tun, um ein leeres Gefäß für die göttliche Gnade zu werden."

(ESW IX, 116)

Der schöpferische Akt lebt mehr von dem, was an uns zurückgenommen und leer ist, als von dem Vorgewiesenen. Wirkliches Schaffen geschieht durch die Gelassenen, die nichts produzieren, am wenigsten sich selbst. In der Pfingstsequenz, die den göttlichen Geist preist, gibt der Lebenspender folgende überraschenden Gaben: den Reichtum in der Armut und kraft der Armut, ein Schweigen im Wort, die Erfüllung des Gebets im Beten (und nicht später oder vielleicht doch nicht); er gibt auch die Ruhe in der Arbeit, nicht nach der Arbeit, den Trost in den Tränen und nicht hinterher. Und übrigens noch anderes, wesentlich: Er gibt das Heil mitten in der Entfremdung.

Dieser schöpferischen Umkehrung kann man sich ausliefern: durch das Wirkenlassen in allem Wirkenwollen, durch das Zur-Ruhe-Kommen in aller Aktion. In dem, was wir tun, wird unendlich mehr getan; gewissermaßen wird zur Gänze aufgefüllt, was begonnen wurde – eben dann, wenn man sich diesem Geist aussetzt. Aussetzen heißt vor allem die Setzung seiner selbst aufheben. Sich geschehen lassen, sich zukommen lassen, was man tun will – das ist frei werden. Wir hingegen leben nicht in dieser Zukunft, die uns und unsere Leere ausfüllt. Für gewöhnlich gilt eine Systematik der Zukunft aus eigener Kraft, mit Programmen und Plänen – denn jede Frucht muß selbst erarbeitet sein, mit jener harten Mühe, ja, mit jener Entsagung, die allem Nicht-Schöpferischen anhaftet. Daß es ein Dasein gibt, das in jedem Stadium schon „Frucht" ist, gerechtfertigt, ergänzt, ganz, d. h. heilig, und zwar von einem anderen her, der es ganz macht – dies ist unglaubhaft oder verdächtig kindlich und unernst. *„Wenn die Welt einen solchen Menschen für verloren hält, der von ihren Geschäften und Zerstreuungen nichts mehr wissen will, so nimmt die Seele diesen Vorwurf gern auf sich. Sie bekennt mutig und frei: Ja, ich habe mich verloren."* (ESW I, 233)

Dieses Zurücktreten im Blick auf einen anderen ist das Gesetz des schöpferischen Menschen, und darin zeigt sich die merkwürdige Umkehrung, daß man gerade dadurch offenbar eine Kontur erhält. Es ist die Tatsache, daß ein Becher um so mehr hergeben kann, je mehr er an sich selbst leer ist.

Edith Stein hat ihr letztes Werk nicht vollenden können, doch gilt ihr Ausblick der „Herrlichkeit der Auferstehung". Die *Kreuzeswissenschaft* mündet in eine Wissenschaft vom Licht, freilich auf dem Papier. Angesichts des Wissens um Edith Steins Ende scheut man sich, die wundervollen Worte über den Brautgesang der Seele in der endlich *„heiteren Nacht"* (ESW I, 238) unbedarft zu wiederholen. Doch gibt es ebenso Ursache, diesen Worten zu glauben, anzunehmen, daß auch die schmählich zu Tode Gebrachte den verheißenen Trost am Grunde des Leidens erfuhr, die unsägliche Seligkeit auf der anderen Seite, wie alle Gefährten dieses Dunkels. Auch hier hat die vorangegangene Nacht den Widerschein des aufstrahlenden Lichtes sichtbar gemacht. Auch hier hat die Leere die Gnade herbeigerufen.

Die Schlußpassagen der *Kreuzeswissenschaft* enthalten die Sätze: „*[Er] öffnet die Schleusen der väterlichen Barmherzigkeit für alle, die den Mut haben, das Kreuz und den Gekreuzigten zu umarmen. In sie ergießt sich Sein göttliches Licht und Leben, aber weil es unaufhaltsam alles vernichtet, was Ihm im Wege steht, darum erfahren sie es zunächst als Nacht und Tod. [...] Die Nacht ist um so dunkler, der Tod um so qualvoller, je mächtiger die göttliche Liebeswerbung die Seele ergreift und je rückhaltloser die Seele sich ihr überläßt. [...] bis er [der neue Mensch] durch das Tor des wirklichen leiblichen Todes eingehen darf in das schattenlose Licht*“ (ESWI, 241).

III

MEDITATION UND GEBET

Meditationen

Die Ruhe in der Nacht

Der dunklen und unheimlichen Nacht steht die mondbeglänzte Zaubernacht gegenüber, die von mildem, sanftem Licht durchflutete. Sie verschlingt die Dinge nicht, sondern läßt ihr nächtliches Antlitz aufleuchten. Alles Harte, Scharfe und Grelle ist hier gedämpft und gelindert, es offenbaren sich Wesenszüge, die bei hellem Tageslicht niemals zum Vorschein kommen. Es lassen sich auch Stimmen vernehmen, die der Tageslärm übertäubt. Und nicht nur die lichtvolle, auch die dunkle Nacht hat eigene Werte. Sie macht dem Hasten und Lärmen des Tages ein Ende, sie bringt Ruhe und Frieden. All das wirkt sich auch im Seelisch-Geistigen aus. Es gibt eine nächtliche, milde Klarheit des Geistes, in der er, von dem Frondienst der Tagesgeschäfte frei, gelöst und gesammelt zugleich, in die tiefen Zusammenhänge seines eigenen Wesens und Lebens, der Welt und Überwelt hineingezogen wird. Und es gibt ein tiefes dankbares Ruhen im Frieden der Nacht. (ESW I, 34)

Die Bergung im Dunkel

In der Trockenheit und Leere wird die Seele auch *demütig*. Die frühere Hoffart schwindet, wenn man in sich nichts mehr findet, was Anlaß geben könnte, auf andere herabzusehen; vielmehr erscheinen einem die andern nun viel vollkommener, es erwacht Liebe und Hochschätzung für sie im Herzen. Man hat auch jetzt zuviel mit dem eigenen Elend zu tun, um auf andere zu achten. Durch ihre Hilflosigkeit wird die Seele auch *unterwürfig* und *gehorsam*; sie sehnt sich nach Belehrung, um auf den rechten Weg zu gelangen. Gründliche Heilung erfährt die geistliche Habsucht: wenn man an keinerlei Übungen mehr Geschmack findet, wird man sehr mäßig und tut, was man tut, rein um Gottes willen, ohne eigene Befriedigung darin zu suchen. So geht es mit allen Unvollkommenheiten. Mit ihnen entschwindet dann auch alle Verwirrung und Unruhe. Statt dessen zieht ein tiefer *Friede* ein und eine *ständige Erinnerung an Gott.* Ihm zu mißfallen ist die einzige Sorge, die noch bleibt. Die dunkle Nacht wird zur Schule in allen *Tugenden*: sie übt in *Ergebung* und *Geduld*, wenn man im geistlichen Leben treu ist, ohne Trost und Erquickung zu finden. Die Seele gelangt zu einer *lauteren Gottesliebe*, indem sie nur noch um Gottes willen handelt. Das Ausharren in allen Widerwärtigkeiten gibt ihr Kraft und *Starkmut.* Die vollkommene Reinigung von allen sinnlichen Neigungen und Gelüsten führt zur *Freiheit des Geistes*, in der die zwölf Früchte des Geistes reifen. Sie gibt Geborgenheit gegenüber den drei Feinden: Teufel, Welt und Fleisch, die gegen den Geist nichts ausrichten können: ihnen ist die Seele „unbemerkt entwichen". Und nun, da die Leidenschaften zur Ruhe gebracht sind, die Sinnlichkeit durch die Trockenheit eingeschläfert, „liegt das Haus in tiefer Ruhe".

(ESW I, 47)

Ergreifen und Ergriffenwerden

So ist der Glaube ein Ergreifen Gottes. Das Ergreifen aber setzt ein Ergriffenwerden voraus: wir können nicht glauben ohne Gnade. Und Gnade ist Anteil am göttlichen Leben. Wenn wir uns der Gnade öffnen, den Glauben annehmen, haben wir den „Anfang des ewigen Lebens in uns".

Wir nehmen den Glauben auf das Zeugnis Gottes hin an und gewinnen dadurch Erkenntnisse, ohne einzusehen: wir können die Glaubenswahrheiten nicht als in sich selbst einleuchtend annehmen wie notwendige Vernunftwahrheiten oder auch wie Tatsachen der sinnlichen Wahrnehmung: wir können sie auch nicht nach logischen Gesetzen aus unmittelbar einleuchtenden Wahrheiten ableiten. Das ist der eine Grund, warum der Glaube ein „dunkles Licht" genannt wird. [...] Er will mehr als einzelne Wahrheiten von Gott, er will Ihn selbst, der *die* Wahrheit ist, den ganzen Gott, und ergreift Ihn, ohne zu sehen: „obgleich's bei Nacht ist". Das ist die tiefere Dunkelheit des Glaubens gegenüber der ewigen Klarheit, der er zustrebt. Von dieser doppelten Dunkelheit spricht unser hl. Vater *Johannes vom Kreuz*, wenn er sagt: „... das Vorwärtsschreiten des Verstandes ist ein Mehrsichbefestigen im Glauben; und so ist das Vorwärtsgehen ein Verfinstertwerden, da der Glaube Finsternis für den Verstand ist". Dennoch ist es ein Vorwärtsschreiten: ein Hinausgehen über alle begrifflich faßbare Einzelerkenntnis hinein in das einfache Umfassen der Einen Wahrheit. Darum steht der Glaube der göttlichen Weisheit näher als alle philosophische und selbst theologische Wissenschaft. Weil uns aber das Gehen im Dunkeln schwer wird, darum ist jeder Strahl des Lichtes, das als ein Vorbote der künftigen Klarheit in unsere Nacht fällt, eine unschätzbare Hilfe, um an unserm Weg nicht irre zu werden. Und selbst das kleine Licht der natürlichen Vernunft vermag wertvolle Dienste zu leisten. (ESW II, 28 f)

Innere und äußere Führung

Wir finden aber im Leben der Menschen, die einen so außerodentlichen Weg gegangen sind, meist noch ein Mittel, sich des göttlichen Willens zu versichern, das bisher noch nicht erwähnt wurde. Das ist der Gehorsam gegen einen sichtbaren Stellvertreter Gottes, einen priesterlichen Führer. Nach allem, was uns persönliche Erfahrung und Geschichte vom göttlichen Heilsplan ahnen lassen, ist es die Methode des Herrn, Menschen durch Menschen zu bilden. Wie für die natürliche Entwicklung das Kind auf die Pflege und Erziehung durch Erwachsene angewiesen ist, so pflanzt sich auch das Gnadenleben durch menschliche Vermittlung fort;

Menschen werden als Werkzeuge eingesetzt, um in andern den göttlichen Funken zu wecken und zu nähren. Natürliche und übernatürliche Tatsachen weisen darauf hin, daß es auch im Gnadenleben nicht „gut ist, daß der Mensch allein sei". Einmal die Gefahr der Selbsttäuschung: der klare Blick des Geistes wird durch die Wünsche des Herzens getrübt, und so ist der Mensch oft versucht, für Gottes Willen zu halten, was nur seiner eigenen Neigung entspricht. Um sich vor dieser Gefahr zu schützen, ist es gut, nicht bloß nach inneren Eingebungen seine Entscheidungen zu treffen, sondern sich einem ruhigen, unparteiischen Urteil zu unterwerfen. Dazu kommt die mit der ersten Tatsache zusammenhängende andere: daß das Urteil in eigenen Angelegenheiten weniger klar und sicher zu sein pflegt als in fremden. Zu diesen natürlichen Umständen kommen Verhältnisse einer anderen Ordnung, die wohl noch schwerer wiegen. Jeder, der mit dem inneren Leben vertraut ist, weiß, daß gerade die, die von Gott zu Außerordentlichem berufen sind, auch außerordentliche Prüfungen durchmachen müssen, nicht nur äußere Schwierigkeiten und Nöte, sondern noch viel schwerer zu ertragende seelische Leiden und Anfechtungen: das, was die mystische Theologie die dunkle Nacht der Seele nennt. Die Seele gerät, ohne daß die Reinheit ihres Willens getrübt wäre, in die äußerste Beängstigung und Verwirrung: Sie verliert den Geschmack an allen Übungen der Frömmigkeit, sie wird durch Widerwillen gegen kirchliche Einrichtungen und Glaubenszweifel in Versuchung geführt, sie gerät in Gefahr, ihren ganzen Weg für einen Irrweg zu halten, zu befürchten, daß sie unrettbar verloren sei. Um in solchen seelischen Nöten nicht den rechten Weg zu verlieren, gibt es erfahrungsgemäß keinen besseren Schutz als den Gehorsam gegenüber einem erleuchteten geistlichen Führer. Daß der Gehorsam diese Kraft gegenüber den Mächten der Finsternis besitzt, ist selbst eine geheimnisvolle Tatsache – wie es besondere Gnadenführung Gottes ist, daß er der geprüften Seele einen solchen Führer zur Seite stellt –, aber es ist Tatsache. Gott ist an diesen Vermittlungsweg nicht gebunden, aber er hat sich aus uns unerforschlichen Gründen daran gebunden, wie er auch sonst bestimmte Wege der Gnadenvermittlung angeordnet hat, obwohl seine Möglichkeiten, das Heil zu wirken, unendlich sind. Wer den rechten Seelenführer finden will, wird auch in seiner Wahl nicht eigene Willkür, sondern Gottes Fügung leitend sein lassen, wie auf dem ganzen Weg innere und äußere Führung immer Hand in Hand gehen müssen. Zu welchen Aufgaben sie den einzelnen Menschen bestimmen mag, das kann nur das Leben selbst lehren. (F, 28)

Gleichmut gegenüber den inneren Empfindungen

Der Glaube gleicht Gott darin, daß beide den Verstand blenden und ihm als Finsternis erscheinen. „Darum ist die Seele um so inniger mit Gott vereint, je mehr sie vom Glauben erfüllt ist." Seine Dunkelheit deutet die Heilige Schrift an durch das Bild der *Wolke*, in die sich Gott in den alttestamentlichen Offenbarungen hüllte: vor Moses auf dem Berge; im salomonischen Tempel. In diesem Dunkel ist das Licht der Wahrheit verborgen. Es wird unverhüllt aufstrahlen, wenn einst mit dem Leben der Glaube enden wird. Vorläufig aber sind wir ganz auf ihn angewiesen. Was er uns gibt – die *Beschauung* –, ist eine *dunkle* und *allgemeine Erkenntnis*; sie steht im Gegensatz nicht nur zur natürlichen Verstandestätigkeit, sondern auch zu den verschiedenen Weisen, wie dem Verstand gesonderte und deutlich erfaßbare *übernatürliche Erkenntnisse* zuteil werden können: *Gesichte, Offenbarungen, Ansprachen* und *geistige Empfindungen*. Es können sich den leiblichen Augen Gestalten aus der andern Welt, Engel oder Heilige, zeigen oder auch ein außergewöhnlicher Lichtglanz. Man kann ungewöhnliche Worte hören, liebliche Wohlgerüche wahrnehmen, sinnlichen Wohlgeschmack kosten oder mit dem Tastsinn starke Wonnegefühle empfinden. All das soll man abweisen, ohne zu untersuchen, ob es in sich gut oder böse sei. Es entspricht Gott mehr, sich dem Geist mitzuteilen als den Sinnen, und die Seele findet darin größere Sicherheit und gelangt zu größerem Fortschritt, während mit der sinnlichen Gegebenheit in der Regel große Gefahr verbunden ist. Die Sinne meinen dann über geistige Dinge urteilen zu können, während sie doch darin so unwissend sind wie ein Lasttier in Sachen der Vernunft. Auf diesem Gebiet kann auch der Teufel leicht seine Künste üben, weil er auf das Köperliche Einfluß hat. Und auch wenn die Gestalten von Gott stammen, sind sie um so weniger förderlich für den Geist, je mehr sie äußerlich in Erscheinung treten, sie regen weniger den Geist des Gebetes an und erwecken den Anschein, als komme ihnen größere Bedeutung zu und sie könnten besser führen als der Glaube. Sie verführen auch die Seele zu einer hohen Meinung von sich selbst. Darum bedient sich der Teufel ihrer so gern, um den Seelen zu schaden. Aus all diesen Gründen ist es stets das Beste, solche Gebilde abzuweisen. Stammen sie von Gott, so geht der Seele dabei nichts verloren. (ESW I, 57)

Hineinstellen in den göttlichen Willen

In Seiner Armut und Verlassenheit findet sie [die Seele] die ihre wieder. Trockenheit, Ekel und Mühsal sind das „rein geistige Kreuz", das ihr gereicht wird. Nimmt sie es an, so erfährt sie, daß es ein sanftes Joch und eine leichte Last ist. Es wird ihr zum Stab, der sie schnell bergauf führt. Wenn sie erkennt, daß Christus in der äußersten Erniedrigung und Vernichtung am

Kreuz das Größte gewirkt hat, die Versöhnung und Vereinigung der Menschheit mit Gott, dann erwacht in ihr das Verständnis dafür, daß auch für sie das Vernichtetwerden, der „Kreuzestod bei lebendigem Leibe, im Sinnlichen wie im Geistigen", zur Vereinigung mit Gott führt. Wie Jesus in seiner Todesverlassenheit sich in die Hände des unsichtbaren und unbegreiflichen Gottes übergab, so wird sie sich hineinbegeben in das mitternächtliche Dunkel des Glaubens, der der einzige Weg zu dem unbegreiflichen Gott ist. So wird ihr die mystische Beschauung zuteil, der „Strahl der Finsternis", die geheimnisvolle Gottesweisheit, die dunkle und allgemeine Erkenntnis: sie allein entspricht dem unfaßlichen Gott, der den Verstand blendet und ihm als Finsternis erscheint. Sie strömt in die Seele ein und kann es umso lauterer, je freier die Seele von allen anderen Eindrücken ist. Sie ist etwas viel Reineres, Zarteres, Geistigeres und Innerlicheres als alles, was der Erkenntnis aus dem natürlichen Geistesleben bekannt ist, auch hinausgehoben über die Zeitlichkeit, ein wahrer Anfang des ewigen Lebens in uns. Es ist kein bloßes Annehmen der gehörten Glaubensbotschaft, kein bloßes Sichzuwenden zu Gott, den man nur vom Hörensagen kennt, sondern ein inneres *Berührtwerden* und ein *Erfahren* Gottes, das die Kraft hat, von allen geschaffenen Dingen loszulösen und emporzuheben und zugleich in eine Liebe zu versenken, die ihren Gegenstand nicht kennt. Ob dieses dunkle, liebende Erkennen, worin die Seele in ihrem Innersten von Gott berührt wird – von „Mund zu Mund“, von Wesenheit zu Wesenheit –, noch zum Glauben gerechnet werden kann, wollen wir jetzt nicht entscheiden. Es ist die Hingabe der Seele durch den Willen (als ihren Mund) an das liebende Entgegenkommen des immer noch verborgenen Gottes: Liebe, die nicht Gefühl, sondern Tat- und Opferbereitschaft ist, Hineinstellen des eigenen Willens in den göttlichen Willen, um von Ihm allein geleitet zu werden. (ESW I, 107)

Freiheit im Innersten

Auf der andern Seite mußten wir in der Seele selbst von Äußerem und Innerem sprechen. Wenn sie nach außen gezogen wird, so geht sie doch nicht aus sich selbst heraus, sie ist nur weiter von ihrem Innersten entfernt und damit zugleich der Außenwelt hingegeben. Was von außen herantritt, hat ein gewisses Recht, sie in Anspruch zu nehmen, und es entspricht seinem *Gewicht*, dem Wert und der Bedeutung, die es in sich und die es für sie hat, eine bestimmte Tiefe der Seele, in der es aufgenommen zu werden verdient. So ist es sachlich angemessen, wenn sie es von daher entgegennimmt. Aber dazu ist nicht erforderlich, daß sie einen tiefer gelegenen Standort preisgibt: weil sie ein Geist ist und ihre *Burg* ein geistiges Reich, gelten hier ganz andere Gesetze als im äußeren Raum; wenn sie im Tiefsten und Innersten dieses ihres inneren Reiches ist, dann beherrscht sie es ganz und hat die Freiheit, sich an jeden beliebigen *Ort* darin zu begeben, ohne *ihren Ort*, den Ort ihrer Ruhe zu verlassen. Die Möglichkeit, sich in sich selbst zu bewegen, beruht auf der *Ichförmigkeit* der Seele. Das Ich ist das in der Seele, wodurch sie sich selbst besitzt und was sich in ihr als in seinem eigenen *Raum* bewegt. Der tiefste Punkt ist zugleich der Ort ihrer Freiheit: der Ort, an dem sie ihr ganzes Sein zusammenfassen und darüber entscheiden kann. Freie Entscheidungen von geringerer Tragweite können in gewissem Sinn auch von einem weiter nach außen gelegenen Punkt getroffen werden: aber es sind oberflächliche Entscheidungen: es ist ein *Zufall*, wenn die Entscheidung sachgemäß ausfällt, denn nur am tiefsten Punkt hat man die Möglichkeit, alles am letzten Maßstab zu messen; und es ist auch keine *letztlich* freie Entscheidung, denn wer sich selbst nicht ganz in der Hand hat, der kann nicht wahrhaft frei verfügen, sondern läßt sich bestimmen.

Der Mensch ist dazu berufen, in seinem Innersten zu leben und sich selbst so in die Hand zu nehmen, wie es nur von hier aus möglich ist; nur von hier aus ist auch die rechte Auseinandersetzung mit der Welt möglich; nur von hier aus kann er den Platz in der Welt finden, der ihm zugedacht ist. Bei all dem *durchschaut* er sein Innerstes niemals ganz. Es ist ein Geheimnis Gottes, das Er allein entschleiern kann, so weit es Ihm gefällt. Dennoch ist ihm sein Innerstes in die Hand gegeben; er kann in vollkommener Freiheit darüber verfügen, aber er hat auch die Pflicht, es als ein kostbares anvertrautes Gut zu bewahren. (ESW I, 142 f)

Auf dem Weg zu Gott und zu sich selbst

Der gläubige Mensch aber weiß, daß es Einen gibt, dessen Blick durch keinen Gesichtskreis eingeengt ist, sondern wahrhaft alles umfaßt und durchschaut. Wer in dieser Glaubensgewißheit lebt, dessen Gewissen kann sich darum nicht mehr bei dem eigenen besten Wissen beruhigen. Er muß danach trachten zu erkennen, was in Gottes Augen das Rechte ist. (Darin liegt, daß erst die religiöse Haltung die wahrhaft ethische ist. Es gibt wohl ein natürliches Suchen und Sehnen nach dem Rechten und Guten, auch ein Finden im einzelnen Fall, aber es wird erst im Suchen nach dem göttlichen Willen wahrhaft zu sich selbst kommen.) Wer von Gott selbst hineingezogen worden ist in das eigene Innerste und sich Ihm hingegeben hat in der Liebesvereinigung, für den ist die Frage ein für allemal gelöst; er braucht sich nur noch lenken und leiten zu lassen von Gottes Geist, der ihn spürbar antreibt, und hat dann immer und überall die Gewißheit, das Rechte zu tun. In der großen Entscheidung, die er in höchster Freiheit getroffen hat, sind alle künftigen eingeschlossen und können dann im gegebenen Fall wie selbstverständlich erfolgen. Aber von dem einfachen Suchen nach der rechten Entscheidung im einzelnen Fall bis zu dieser Höhe ist ein weiter Weg – wenn überhaupt ein Weg dahin führt. Wer nur hier und jetzt das Rechte sucht und so entscheidet, wie er es zu erkennen glaubt, der ist eben damit auf dem Wege zu Gott und auf dem Wege zu sich selbst, auch wenn er es nicht weiß. Aber er hat sich selbst noch nicht so in der Hand, wie man sich erst in der letzten Tiefe in die Hand bekommt; er kann darum über sich selbst nicht voll verfügen und hat auch den *Sachen* gegenüber nicht die vollkommen freie Entscheidung. Wer *grundsätzlich* das Rechte sucht, d. h. wer gewillt ist, es immer und überall zu tun, der hat über sich selbst entschieden und seinen Willen hineingestellt in den göttlichen Willen, auch wenn ihm noch nicht klar ist, daß das Rechte zusammenfällt mit dem, was Gott will. Aber wenn ihm das nicht klar ist, so fehlt ihm noch der sichere Weg, um das Rechte zu finden; und er hat über sich verfügt, als hätte er sich schon in der Hand, obwohl ihm die letzten Tiefen des eigenen Innern noch nicht aufgegangen sind. Die letzte Entscheidung wird erst Auge in Auge mit Gott möglich. (ESW I, 147 f)

Glaube und Beschauung

Der Gegensatz von fühlbarer Gegenwart und fühlbarem Entzogensein Gottes in der mystischen Beschauung weist noch auf etwas anderes hin, was zur Abgrenzung gegenüber dem Glauben dienen kann. Der Glaube ist in erster Linie

Sache des Verstandes. Wenn auch in der *Annahme* des Glaubens eine Beteiligung des Willens zum Ausdruck kommt, so ist es doch die Annahme einer Erkenntnis. Die *Dunkelheit* des Glaubens bezeichnet eine Eigentümlichkeit dieser Erkenntnis. Die Beschauung ist Sache des Herzens, d. h. des Innersten der Seele, und darum aller Kräfte. Die Gegenwart und die scheinbare Abwesenheit Gottes werden im Herzen gespürt – beseligend oder in schmerzlichster Sehnsucht. Hier im Innersten, wo sie ganz bei sich selbst ist, spürt die Seele aber auch sich selbst und ihre Verfassung; und solange sie nicht völlig gereinigt ist, fühlt sie sie peinigend als Gegensatz zur erlebten Heiligkeit des gegenwärtigen Gottes. So bezeichnet die *Nacht* der Beschauung nicht nur Dunkelheit der Erkenntnis, sondern Finsternis der Unreinheit und reinigende Qual.

Im Glauben und in der Beschauung wird die Seele von Gott ergriffen. Das Annehmen der offenbarten Wahrheit geschieht nicht einfach durch natürlichen Willensentschluß. Die Glaubensbotschaft kommt zu vielen, die sie nicht annehmen. Es können dabei natürliche Beweggründe mitsprechen, aber es gibt auch Fälle, in denen ein geheimnisvolles Nicht-Können zugrunde liegt: die Gnadenstunde ist noch nicht gekommen. Das gnadenhafte Innewohnen hat noch nicht eingesetzt. In der Beschauung aber begegnet die Seele Gott selbst, der sie ergreift.

(ESW I, 163 f)

Verzehrendes Feuer: die Liebe

Gott ist die Liebe. Darum ist das Ergriffenwerden von Gott Entzündetwerden in Liebe – wenn der Geist dazu bereit ist. Für alles, was endlich ist, ist die ewige Liebe verzehrendes Feuer. Und das sind alle Bewegungen, die durch die Geschöpfe in der Seele ausgelöst werden. Wendet sie sich den Geschöpfen zu, dann entzieht sie sich der göttlichen Liebe, kann ihr aber nicht entgehen. Dann wird die Liebe für sie selbst verzehrendes Feuer [...]

Aber wenn er [der Mensch] sich in freier Hingabe im Zeitlichen befestigt, dann bekommt er die Hand des lebendigen Gottes zu spüren, der ihn kraft Seiner Allmacht vernichten, durch das rächende Feuer der verschmähten göttlichen Liebe verzehren oder im ewigen Verzehrtwerden erhalten kann wie die gefallenen Engel [...]

Im Leiden und Sterben Christi sind unsere Sünden vom Feuer verzehrt worden. Wenn wir das im Glauben annehmen und wenn wir in gläubiger Hingabe den ganzen Christus annehmen, d. h. aber, daß wir den Weg der Nachfolge Christi wählen und gehen, dann führt Er uns „durch Sein Leiden und Kreuz zur Herrlichkeit der Auferstehung". Genau das ist es, was in der Beschauung erfahren wird: das Hindurchgehen durch den sühnenden Brand zur seligen Liebesvereinigung. Daraus erklärt sich ihr zwiespältiger Charakter. Sie ist Tod und Auferstehung. Nach der *Dunklen Nacht* strahlt die *Lebendige Liebesflamme* auf. (ESW I, 164 f)

Hingabe und Selbstfindung

Wenn die Liebe in ihrer höchsten Erfüllung Wechsel-Hingabe und Einswerden ist, so gehört dazu eine Mehrheit von Personen. Das „Hängen“ an der eigenen Person, die Selbst-Behauptung, die der verkehrten Selbstliebe eigen sind, bilden den äußersten Gegensatz zum göttlichen Wesen, das ja Selbst-Hingabe ist. Die einzige vollkommene Verwirklichung der Liebe, so wurde früher gesagt, ist das göttliche Leben selbst, die Wechselhingabe der göttlichen Personen. Hier findet jede Person in der andern sich selbst wieder, und da ihr Leben wie ihr Wesen eines ist, so ist die wechselseitige Liebe zugleich Selbstliebe, Jasagen zum eigenen Wesen und zur eigenen Person. Die nächste Annäherung an diese reine Liebe, die Gott ist, im Bereich des Geschöpflichen ist die Hingabe endlicher Personen an Gott. Es vermag zwar kein endlicher Geist den göttlichen Geist ganz zu umfassen. Aber Gott – und Er allein – umfaßt jeden geschaffenen Geist ganz: wer sich ihm hingibt, der gelangt in der liebenden Vereinigung mit ihm zur höchsten Seinsvollendung, zu jener Liebe, die zugleich Erkenntnis, Herzenshingabe und freie Tat ist. Sie ist ganz Gott zugewendet, aber in der Vereinigung mit der göttlichen Liebe umfaßt der geschaffene Geist auch erkennend, selig und frei bejahend sich selbst. Die Hingabe an Gott ist zugleich Hingabe an das eigene gottgeliebte Selbst und die ganze Schöpfung, namentlich an alle gottgeeinten Geistwesen. (ESW II, 419 f)

Zuvor Geliebtwerden

Zu einer solchen Liebeshingabe ist aber der Mensch aus sich allein, durch seine eigene Natur nicht fähig. Wenn er schon zur Erkenntnis und zu wirklich erfüllter Liebe anderer Menschen nur gelangen kann, falls sie selbst sich ihm liebend erschließen – alles andere, was wir Menschenkenntnis und Menschenliebe nennen, sind nur Wege und Vorstufen dazu –, wie soll er zur Liebe Gottes kommen, den er nicht sieht, ohne daß er von Gott zuvor geliebt wird? Alle natürliche, von den Geschöpfen aufsteigende Gotteserkenntnis schließt ja Sein verborgenes Wesen nicht auf. Sie kann Ihn, trotz aller Entsprechung, die Geschöpf und Schöpfer verbinden muß, doch immer nur als den ganz Anderen fassen. Das könnte – in der unverderbten Natur – schon genügen, um zu erkennen, daß dem Schöpfer eine größere Liebe gebührt als irgendeinem Geschöpf. Um sich Ihm aber liebend hinzugeben, müssen wir Ihn als den Liebenden kennen lernen. Und so kann nur Er selbst sich uns erschließen. In gewisser Weise tut dies das Wort der Offenbarung. Und zur gläubigen Annahme der göttlichen Offenbarung gehört sinngemäß schon liebende Zuwendung. Sie vollendet sich aber erst, wenn Gott sich im Gnaden- und Glorienleben der Seele selbst hingibt, ihr Sein göttliches Leben mitteilt und sie in Sein göttliches Leben hineinzieht. (ESW II, 421)

Vereinigung und Ineinander

Weil die Seele den Geist Gottes in sich aufnimmt, kann sie ein „geistiges Gefäß" genannt werden. Aber das Wort „Gefäß" gibt doch nur ein sehr wenig treffendes Bild für die Art des Aufnehmens, um die es sich handelt. Ein räumliches Gefäß und das, was es in sich aufnimmt, bleiben „außereinander"; sie vereinigen sich nicht zu *einem* Seienden, und wenn sie wieder voneinander getrennt werden, so ist jedes, was es vor der Vereinigung war (es sei denn, es wären Stoffe, die einander „angreifen", aber in diesem Fall wäre das Gefäß ein „mangelhaftes"; so weit es angreifbar ist, ist es als Gefäß untauglich). Weit inniger ist die Verbindung eines Stoffes mit der Form, die ihm innewohnt – etwa zwischen Leib und Seele. Hier liegt ein nicht mehr räumlich zu verstehendes Ineinander vor. Und getrennt voneinander sind beide nicht mehr das, was sie in ihrer Vereinigung, und auch nicht, was sie vorher waren. Denn beide sind ein einziges Seiendes; der Leib verdankt der Seele sein Sein, und zum Sein der Seele gehört es, sich in den Leib hineinzugestalten. Bei der Vereinigung der Seele mit dem göttlichen Geist werden Gott und die Seele nicht in *dieser* Weise eins: d. h. nicht Teile *eines* Seienden. Das göttliche Sein wird durch die Vereinigung mit dem menschlichen weder vermehrt noch vermindert noch in irgendeiner Weise verändert. Die Seele freilich (und darum der ganze Mensch) erfährt durch die Vereinigung eine

Umwandlung von Grund auf. Dennoch bleibt sie in ihrem eigenen Sein erhalten, es wird nicht ein Teil des göttlichen. Und trotzdem darf diese Vereinigung eine noch innigere genannt werden und in eigentlicherem Sinn ein Ineinander als die von Seele und Leib. Denn die Seele gestaltet sich in den Leib hinein wie in ein ihr fremdes Mittel, einen von ihr selbst gattungsmäßig verschiedenen Stoff. Gott und die Seele aber sind *Geist* und durchdringen sich, wie nur Geist und Geist sich durchdringen können: kraft gegenseitiger freier persönlicher Hingabe, die Geschiedenheit des Seins voraussetzt, aber – trotz des unendlichen Abstands von Ungeschaffenem und Geschaffenem – eine Wesensgemeinsamkeit, die ein wahrhaftes *Eingehen* ineinander möglich macht. (ESW II, 421 f)

Die Menschheit ist die Menschheit Christi

Nun fragen wir weiter: Wem verdankten die ersten Menschen ihre Gotteskindschaft? Sie war ein Geschenk Gottes und – wie jede Gabe Gottes – ein Geschenk des Dreifaltigen, also auch des Sohnes. Aber wurde sie den Menschen unabhängig von der menschlichen Natur Christi gegeben? Das erscheint mir nicht vereinbar mit dem Gedanken des „Haupt und Leib ein Christus", der in der Theologie des hl. *Paulus* eine so beherrschende Stellung einnimmt und gerade in unserer Zeit so einflußreich geworden ist. Wenn Christus das „Haupt" der erlösten Menschheit ist und das Gnadenleben allen Erlösten von ihm zuströmt, so gehören zu den Gliedern des mystischen Leibes auch die Stammeltern. Und wenn sie „Erlöste", von der Sünde Losgekaufte *durch* das Leiden Christi, aber *vor* seiner zeitlichen Verwirklichung, waren – sie sind ja nach der Lehre der Kirche in der Gnade gestorben, wenn auch erst nach dem Kreuzestod Christi in die Seligkeit eingegangen –, so waren sie auch bereits im Besitz der Urstandsgnade als Glieder des mystischen Leibes Christi vor der Menschwerdung. Ja, vielleicht ist es nicht zu kühn zu sagen, daß in gewissem Sinn die Erschaffung des ersten Menschen schon als ein Beginn der Menschwerdung Christi anzusehen sei. Sicherlich wohnt in dem Gottmenschen nicht nur alle Fülle der Gottheit, sondern auch alle Fülle der Menschheit. Es scheint mir zum Sinn des mystischen Leibes Christi zu gehören, daß es nichts Menschliches – außer der Sünde – gibt, was nicht zur Lebenseinheit dieses Leibes gehörte: ja selbst die Sünde vollzieht sich in den Gliedern dieses Leibes, wenn auch als etwas, was nicht vom Haupt ausgeht und was sie zu toten Gliedern macht. Das Gnadenleben strömt den Gliedern zu, weil sie schon *von Natur aus* mit dem Haupt in Verbindung stehen und befähigt sind – als geistige Wesen und kraft ihres freien Sichöffnens –, sein göttliches Leben in sich aufzunehmen. Die Verbindung zwischen Haupt und Gliedern ist eine dreifach begründete: in *Natur, Freiheit* und *Gnade.* Die ganze Menschheit ist die Menschheit Christi – wenn auch der Person des göttlichen Wortes in anderer Weise verbunden als die Einzelnatur, die es durch die Geburt aus der Jungfrau annahm –, und sie beginnt ihr Dasein in dem ersten Menschen. (ESW II, 478 f)

Christus und die menschliche Natur

Was den Menschen Christus vor allen andern Menschen auszeichnet und ihn zum „Haupt“ der Menschheit macht, ist nicht nur seine Freiheit von aller Sünde, sondern das, was ich in den Worten ausdrücken wollte, daß „alle Fülle der Menschheit“ in ihm war. [...]

Aus seiner Fülle haben wir alle empfangen: nicht nur „Gnade um Gnade“, sondern schon unsere Natur, damit wir, jeder in seiner Eigenart, das Urbild in der Weise nachbilden sollen, wie jedes Glied einer lebendigen Gestalteinheit auf seine Weise das Wesen des Ganzen verkörpert und alle zusammen das Ganze aufbauen. Das macht die Gestalt des Heilands, wie die Evangelien in schlichter Treue sie zeichnen, so geheimnisvoll und unerschöpflich. Er ist „ganz Mensch“ und eben darum keinem andern Menschen gleich. Er ist nicht so als „Charakter“ faßbar wie Petrus oder Paulus. Darum bedeutet jeder Versuch, den Herrn uns durch ein Lebens- und Charakterbild nach Art einer modernen Biographie „nahezubringen“, eine Verarmung, eine Festlegung auf eine einseitige Sicht – wenn es nicht überdies noch eine Verzerrung und Fälschung ist. So wird die Fülle der Menschheit in doppelter Weise wirklich: in der Person Christi und im ganzen Menschengeschlecht; in der Person Christi verhüllt während seines Erdenlebens, unverhüllt strahlend in der Herrlichkeit des Auferstandenen, thronend zur Rechten des Vaters. Der Weg des Menschengeschlechtes ist ein Weg aus Christus zu Christus. Er schuf den Menschen nach dem Bild, das er selbst einst in eigener Person verwirklichen wollte. [...]

Daß Adam der *ergänzenden* Gefährtin bedurfte und daß beide bestimmt waren, ein *Geschlecht* von Menschen hervorzubringen, scheint mir darauf hinzuweisen, daß er allein nicht die Fülle der Menschheit in sich verkörperte, sondern daß sie erst durch das ganze Geschlecht verwirklicht werden sollte. Christus erzeugt nicht dem Leibe nach, weil er der Schöpfer vor aller Zeit, der Vollendete und der Vollender in der Zeit ist. Wenn er in der Zeit und als ein Nachkomme Adams geboren wurde wie ein Mensch, so ist doch sein Menschsein nicht empfangen wie das aller andern Menschenkinder: er ist nicht „ins Dasein geworfen“ wie alle andern, sondern kam in die Welt, weil und wann er es selbst wollte, so wie er gestorben ist, weil und wann er es selbst wollte. Und alles menschliche Sein vor und nach seinem Erdenleben ist auf das seine hingeordnet und durch das seine als die Zielursache hervorgerufen. Weil aber Gott, der uns „ohne uns schuf, uns nicht ohne uns erlösen wollte“, hat er nicht nur den Empfang der heiligmachenden Gnade in jedem einzelnen von seiner freien Zustimmung und Mitwirkung abhängig gemacht, sondern auch die Menschwerdung des Erlösers, von dem uns die Gnade zuströmt. Diese Mitwirkung bestand im Alten Bunde in der gläubigen Erwartung des verheißenen Messias, in dem Bedachtsein auf Nachkommenschaft um dieser Verheißung willen und in der Bereitung der Wege des Herrn durch treue Beobachtung seiner Gebote und Eifer in seinem Dienst: alles dies findet seine Krönung und seinen vollkommensten Ausdruck im *Fiat!* der Jungfrau und seine Fortsetzung in allem Wirken zur Ausbreitung des Gottesreiches durch Arbeit am eigenen Heil und für das Heil anderer. So wird durch das Zusammenwirken von Natur, Freiheit und Gnade der Leib Christi aufgebaut. [...]

Die in und durch Christus geeinte erlöste Menschheit ist der Tempel, in dem die Dreifaltige Gottheit wohnt. (ESW II, 479 ff)

Der Geist und die Frau

Wenn im Sohn die göttliche Weisheit Person geworden ist, im Geist die Liebe – wenn auf der anderen Seite in der männlichen Natur der Verstand vorherrschend ist, in der Frau das Gemüt, so versteht man es, daß immer wieder der Versuch gemacht wird, die weibliche Natur in eine besondere Verbindung mit dem Hl. Geist zu bringen. Wenn der Hl. Geist die Gottheit ist, sofern sie aus sich selbst ausgeht und in die Geschöpfe eingeht, die erzeugende und vollendende Fruchtbarkeit Gottes, so können wir sie wiederfinden in der Bestimmung der Frau, „Mutter der Lebendigen“ zu sein, durch ihr Leben neues Leben hervorzubringen und ihm, wenn es selbständiges Dasein gewonnen hat, zu seiner möglichst vollkommenen Entfaltung zu verhelfen. Wenn der Hl. Geist der Tröster und Beistand ist, der das Verwundete heilt, das Erstarrte wärmt, das Verschmachtete labt, wenn er als Vater der Armen alle guten Gaben austeilt, so finden wir ihn wieder in allen Werken weiblicher Liebe und Barmherzigkeit. Der Geist, der das Befleckte reinwäscht, das Starre biegsam macht, spiegelt sich in weiblicher Reinheit und Milde, die nicht nur selbst rein und milde sein, sondern Reinheit und Milde um sich verbreiten will. Nichts ist diesem „holden Geist“, der nichts sein will als sich ausströmendes göttliches Licht, dienende Liebe, nichts ist ihm mehr entgegengesetzt als Stolz, der sich selbst behaupten, und Begehren, das für sich erraffen will. Darum ist die erste Sünde, in der dies beides zusammentrifft, Abfall vom Geiste der Liebe und damit Abfall des weiblichen Wesens von sich selbst.

(F, 199–200)

Freiwerden vom Druck

Wenn Charakter und Lebensführung des Mannes ein friedliches Zusammenleben unmöglich machen, wenn sich bei Kindern verhängnisvolle Anlagen zeigen, die keinen erzieherischen

Bemühungen weichen wollen, wenn dann noch wirtschaftliche Not hinzutritt, dann werden fast unvermeidlich Körperkraft und Nerven aufgezehrt, und schließlich ist auch die Seele ihrer Last nicht mehr gewachsen, wenn ihr nicht aus einer unerschöpflichen Quelle immer neue Kraft zugeführt wird. Diese unerschöpfliche Kraftquelle ist Gottes Gnade. Es kommt nur darauf an, daß man die Wege zu ihr kennt und immer wieder geht. Ein Weg steht jedem Gläubigen zu jeder Zeit offen: der Weg des Gebets. Wer Ernst macht mit dem Glauben an das „Bittet und ihr werdet empfangen", dem wird in jeder Not, wenn auch nicht immer sofort die Abhilfe, die er sich denkt und wünscht, zuteil werden, so doch Trost und Mut, um auszuharren. Für jeden Katholiken liegt ein unermeßlicher Schatz bereit in der Nähe des Herrn im allerheiligsten Sakrament des Altars und im hl. Opfer. Wer lebendig durchdrungen ist vom Glauben an die Gegenwart Christi im Tabernakel, wer weiß, daß hier ein Freund beständig auf ihn wartet, der immer Zeit und immer die gleiche Geduld und Teilnahme hat, Klagen und Bitten und Fragen anzuhören, der für alles Rat und Hilfe weiß – der kann auch unter den größten Schwierigkeiten niemals trostlos und verlassen sein, er hat immer eine Zuflucht, wo er Ruhe und Frieden wiederfinden kann. Und wer in den Sinn des Meßopfers eingedrungen ist, wer es als Erlösungstat Christi mitlebt, der wird mehr und mehr in die Opfergesinnung Christi hineinwachsen. Die täglichen kleinen und großen Opfer, die von ihm verlangt werden, werden nicht mehr zwangsweise auferlegte, erdrückende Lasten sein, sondern werden wirkliche Opfer werden, frei und freudig dargebrachte, durch die er als mitleidendes Glied des mystischen Leibes Christi Anteil gewinnt am Erlösungswerk. Und immer dann, wenn seine natürlichen Kräfte den Aufgaben gegenüber versagen, wenn Körperkraft und Nerven der Arbeit nicht mehr gewachsen sind, wenn man von den Nächsten in den besten Absichten mißverstanden wird, wenn Wort und Beispiel sich ohnmächtig erweisen, eine teure Seele vom Weg des Unglaubens und der Sünde loszureißen: immer wird man sich aufrichten im Gedanken an die unsichtbare und geheimnisvoll wirkende Kraft des Erlösungsopfers, in das man alle Schmerzen und Leiden, selbst noch die eigene Schwäche und Ohnmacht hineinlegen kann. Dazu kommt in allen Fällen, wo man durch eigene Schuld gefehlt hat, wo man in Gefahr ist, vom Strom der Gnade abgeschnitten zu werden, die Möglichkeit der inneren Erneuerung im Sakrament der Buße: immer wieder frei zu werden vom Druck des Vergangenen und wie neugeboren dem Kommenden entgegenzugehen. (F, 201)

Freie Höhe und weiter Ausblick

Wer in dem festen Glauben lebt, daß nichts ohne Gottes Wissen und Willen geschieht, den werden auch die erstaunlichsten Begebenheiten und härtesten Schläge nicht leicht aus der Fassung bringen. Er wird die Ruhe bewahren, die Tatsachen klar ins Auge zu fassen und die Richtlinien herauszufinden, die in der Gesamtsituation für sein praktisches Verhalten gegeben sind. Das Leben mit dem eucharistischen Heiland bringt es ferner mit sich, daß die Seele über die Enge des individuell-persönlichen Lebens hinausgehoben wird, daß ihr die Angelegenheiten des Herrn und seines Reiches, genau wie denen, die sich ihm im Ordensstand angelobt haben, zu ihren Angelegenheiten werden und daß in demselben Maß die kleinen und großen Nöte des individuellen Lebens an Gewicht verlieren. Es stellt sich jene Freiheit und Freudigkeit ein, die aus den ewigen Quellen immer neues Leben zu schöpfen weiß: aus den großen Begebenheiten des Weltdramas von Sündenfall und Erlösung, das sich im Leben der Kirche und jeder einzelnen Menschenseele immer wieder erneuert und den Sieg des Lichtes über alle Finsternis immer wieder Ereignis werden läßt. Wer auf diese freie Höhe und zu diesem weiten Ausblick gelangt ist, der ist hinausgewachsen über das, was im gewöhnlichen Sinn „Glück" und „Unglück" genannt wird. Er mag hart um seine äußere Existenz zu kämpfen haben, er mag den Halt eines warmen Familienlebens oder einer entsprechenden menschlich tragenden und stützenden Gemeinschaft entbehren – einsam und freudlos kann er nicht mehr sein. Nicht einmal menschlich einsam: wer mit der heiligen Kirche und in ihrer Liturgie, d. h. wahrhaft katholisch lebt, der findet sich eingebettet in diese größte menschliche Gemeinschaft, er trifft überall auf Brüder und Schwestern, die im Innersten mit ihm verbunden sind. Und weil von jedem Menschen, der an Gottes Hand geht, Ströme lebendigen Wassers ausgehen, übt er eine geheimnisvolle Anziehungskraft auf durstende Seelen aus; ohne es anzustreben, muß er andern, die zum Licht streben, Führer werden, geistliche Mutterschaft üben und „Söhne" und „Töchter" für das Gottesreich erzeugen und heranziehen. – Die Geschichte der Kirche zeigt uns Menschen genug, Männer und Frauen, die diesen Weg „in der Welt" gegangen sind. Und offenbar hat unsere Zeit sie besonders nötig. Dem modernen Heidentum, dem vielfach jedes geistliche Kleid verdächtig ist, das von keiner Glaubenslehre etwas wissen will, kann das jenseitige Leben kaum noch anders nahe kommen als in Menschen, die von außen gesehen seinesgleichen sind, vielleicht denselben Beruf in der Welt ausüben, starke gemeinsame Interessen mit den Menschen dieser Welt haben und doch spürbar von einer geheimnisvollen Kraft getragen sind, die von andersher kommt. (F 204–205)

Quellen

Die Mauern unserer Klöster umschließen einen engen Raum. Wer darin das Gebäude der Heiligkeit errichten will, muß tief graben und hoch aufbauen: tief hinabsteigen in die dunkle

Nacht des eigenen Nichts, um hoch erhoben zu werden ins Sonnenlicht der göttlichen Liebe und Barmherzigkeit. [...]

Was Gott in den Stunden des inneren Gebets in der Seele wirkt, das entzieht sich jedem menschlichen Blick. Es ist Gnade um Gnade. Und alle anderen Stunden des Lebens sind der Dank dafür. [...]

Dazu kommt schließlich, was der Herr der einzelnen Seele an persönlichen Opfern auferlegen mag. Das ist der „kleine Weg", ein Strauß von unscheinbaren kleinen Blüten, der täglich vor dem Allerheiligsten niedergelegt wird – vielleicht ein stilles, lebenslanges Martyrium, von dem niemand etwas ahnt, zugleich eine Quelle tiefen Friedens und herzlicher Fröhlichkeit und ein Born der Gnade, der ins Land hinaussprudelt – wir wissen nicht wohin, und die Menschen, zu denen er gelangt, wissen nicht, woher er kommt. (ESW XI, 87)

Die Gnade schafft Raum für die Natur

In dem Bekenntnis zur „unverbildeten menschlichen Natur" lebt der Glaube an eine formende Kraft im Menschen, die von innen heraus wirkend, ungestört durch Druck und Zug von außen, den Menschen und sein Leben zu einem harmonischen, formvollendeten Gebilde gestaltet. Aber die Erfahrung bestätigt diesen schönen Glauben nicht. Wohl ist die Form im Innern verborgen, aber verstrickt in wuchernde Gewebe, die eine reine Auswirkung hemmen. Wer seine Natur sich selbst überläßt, den treibt es bald dahin, bald dorthin, er kommt nicht zu klarer Formung und Gestaltung. Und Formlosigkeit ist nicht Natürlichkeit. Wer nun die eigene Natur in Zucht nimmt, wuchernde Triebe beschneidet und ihr die Form zu geben sucht, die ihm gut dünkt, vielleicht eine Form, die er draußen fertig vorgefunden hat, der mag wohl hier und da der inneren Form Raum schaffen zu freier Auswirkung, aber es kann auch sein, daß er ihr Gewalt antut, und an Stelle der frei entfalteten Natur tritt Unnatur und Machwerk.

Unsere Erkenntnis ist Stückwerk; unser Wollen und Wirken, wenn es auf sie allein baut, kann kein vollendetes Gebilde schaffen; kann es auch darum nicht, weil es seiner selbst nicht vollkommen mächtig ist und oft vor dem Ziel zusammenbricht. Und so reckt sich jene innere Formkraft, die in Banden liegt, einem Licht entgegen, das sicherer leitet, und einer Kraft, die sie frei macht und ihr Raum schafft. Das ist das Licht und die Kraft der göttlichen Gnade.

(ESW XI, 38 f)

Kreuzesliebe

Es ist also keine bloße pietätvolle Erinnerung an das Leiden des Herrn, wenn jemand nach Leiden verlangt. Das freiwillige Sühneleiden ist das, was wahrhaft und wirklich am tiefsten mit dem Herrn verbindet. Es entspringt einmal der bereits bestehenden Verbindung mit Christus.

Denn der natürliche Mensch flieht vor dem Leiden. Und die Sucht nach Leiden um einer perversen Lust am Schmerz willen ist von dem Verlangen nach Sühneleiden durchaus verschieden. Sie ist kein geistiges Streben, sondern sinnliches Begehren, keineswegs besser als andere sinnliche Begierden, vielmehr schlechter, weil es widernatürlich ist. Nach Sühneleiden verlangen kann nur jemand, dessen Geistesauge geöffnet ist für die übernatürlichen Zusammenhänge des Weltgeschehens; das ist aber nur möglich bei Menschen, in denen der Geist Christi lebt, die als Glieder vom Haupt ihr Leben, seine Kraft, seinen Sinn und seine Richtung empfangen. Andererseits verbindet die Sühneleistung näher mit Christus, wie jede Gemeinschaft zum Zusammenwirken an einem Werk immer inniger wird und wie die Glieder eines Leibes in ihrem organischen Zusammenspiel immer stärker eins werden.

Weil aber das *Einssein* mit Christus unsere Seligkeit ist und das fortschreitende Eins*werden* mit ihm unsere Beseligung auf Erden, darum steht Kreuzesliebe zu froher Gotteskindschaft keineswegs im Gegensatz. Christi Kreuz tragen helfen, das gibt eine starke und reine Freudigkeit, und die es dürfen und können, die Bauleute an Gottes Reich, sind die echtesten Gotteskinder. Und so bedeutet die Vorliebe für den Kreuzweg auch durchaus keine Abscheu davor, daß der Karfreitag vorbei und das Erlösungswerk vollbracht ist. Nur Erlöste, nur Kinder der Gnade können ja Christi Kreuzträger sein. Nur aus der Vereinigung mit dem göttlichen Haupt bekommt menschliches Leiden sühnende Kraft. Zu leiden und im Leiden selig zu sein, auf der Erde zu stehen, über die schmutzigen und rauhen Wege dieser Erde zu gehen und doch mit Christus zur Rechten des Vaters zu thronen, mit den Kindern dieser Welt zu lachen und zu weinen und mit den Chören der Engel ohne Unterlaß Gottes Lob zu singen, das ist das Leben des Christen, bis der Morgen der Ewigkeit anbricht. (ESW XI, 122 f)

Gehorsam und Freiheit

Der heilige Gehorsam fesselt unsere Füße, damit sie nicht mehr ihre eigenen Wege gehen, sondern Gottes Wege. Die Kinder der Welt nennen es Freiheit, wenn sie keinem fremden Willen unterworfen sind; wenn niemand sie hindert, ihre Wünsche und Neigungen zu befriedigen. Für diesen Freiheitstraum stürzen sie sich in blutige Kämpfe und opfern Gut und Leben. Die Kinder Gottes verstehen unter Freiheit etwas anderes: sie möchten ungehindert dem Geist Gottes folgen; und sie wissen, daß die größten Hindernisse nicht von außen kommen, sondern in uns selbst liegen. Vernunft und Wille des Menschen, die so gern ihr eigener Herr sein wollen, merken nicht, wie leicht sie sich von den natürlichen Begierden beschwatzen lassen und ihre Sklaven werden. Es gibt keinen besseren Weg, um von dieser Knechtschaft frei zu werden und empfänglich für die Leitung des Heiligen Geistes, als der Weg des heiligen Gehorsams. „Gehorsam fühlt' ich meine Seele stets am schönsten frei", so läßt Goethe die Heldin einer seiner Dichtungen sagen, die am meisten von christlichem Geist geformt ist. (ESW XI, 131)

Hingabe, Vertrauen, Fruchtbringen

Das neue Licht fordert uns auf, von neuem zu suchen. „Gott läßt sich suchen", sagt St. Augustinus, „um sich finden zu lassen. Er läßt sich finden, um wiederum gesucht zu werden." Nach jeder großen Gnadenstunde ist es, als fingen wir jetzt erst an, unsern Beruf zu begreifen. Darum entspricht es auch einem inneren Bedürfnis, daß wir unsere Gelübde immer wieder erneuern. Und es liegt ein tiefer Sinn darin, daß wir es am Fest der Heiligen Drei Könige tun, deren Wanderung und Bekenntnis uns ein Sinnbild unseres Lebens ist. Auf jede echte, von Herzen vollzogene Gelübdeerneuerung antwortet das göttliche Kind mit einer erneuten Annahme, einer tieferen Vereinigung. Und das bedeutet ein neues, verborgenes Gnadenwirken in unserer Seele. Vielleicht äußert es sich in einer Epiphanie, einem Sichtbarwerden des göttlichen Wirkens in unserem äußeren Verhalten und Wirken, das die Umgebung wahrnimmt. Vielleicht trägt es aber auch Früchte, denen es kein Mensch ansieht, aus welchen geheimen Quellen ihnen der Lebenssaft zuströmt.

Wir leben heute wieder in einer Zeit, die der Erneuerung aus den verborgenen Quellen gottverbundener Seelen dringend bedarf. Es setzen auch viele Leute ihre letzte Hoffnung auf diese verborgenen Quellen des Heils. Das ist ein ernster Mahnruf: rückhaltlose Hingabe an den Herrn, der uns gerufen hat, das wird von uns verlangt, damit das Angesicht der Erde erneuert werden könne. In gläubigem Vertrauen müssen wir unsere Seele dem Walten des Heiligen Geistes überlassen. Es ist nicht nötig, daß wir die Epiphanie unseres Lebens erfahren. Wir dürfen in der Glaubensgewißheit leben, daß das, was der Geist Gottes verborgen in uns wirkt, seine Früchte trägt im Reich Gottes. Wir werden sie schauen in der Ewigkeit. (ESW XI, 147)

Ich bleibe bei euch ...

Du senkst voll Liebe deinen Blick in meinen
und neigst dein Ohr zu meinen leisen Worten
und füllst mit Frieden tief das Herz.

Doch deine Liebe findet kein Genügen
in diesem Austausch, der noch Trennung läßt:
dein Herz verlangt nach mehr.

Du kommst als Frühmahl zu mir jeden Morgen.
Dein Fleisch und Blut wird mir zu Trank und Speise
und Wunderbares wird gewirkt.

Dein Leib durchdringt geheimnisvoll den meinen,
und deine Seele eint sich mit der meinen:
Ich bin nicht mehr, was einst ich war.

Du kommst und gehst, doch bleibt zurück die Saat,
die du gesät zu künft'ger Herrlichkeit
verborgen in dem Leib von Staub.

Es bleibt ein Glanz des Himmels in der Seele,
es bleibt ein tiefes Leuchten in den Augen,
ein Schweben in der Stimme Klang. (ESW XI, 173)

Heiliger Geist – alldurchdringender Strahl

Aus einer Pfingstnovene

Wer bist du, süßes Licht, das mich erfüllt
und meines Herzens Dunkelheit erleuchtet?

Du leitest mich gleich einer Mutter Hand,
und ließest du mich los,
so wüßte keinen Schritt ich mehr zu gehen.

Du bist der Raum,
der rund mein Sein umschließt und in sich birgt.
Aus dir entlassen entsänk' es in den Abgrund
des Nichts, aus dem du es zum Licht erhobst.

Du, näher mir als ich mir selbst
und innerlicher als mein Innerstes
und doch untastbar und unfaßbar
und jeden Namen sprengend:
Heiliger Geist – ewige Liebe!

Bist du das süße Manna nicht,
das aus des Sohnes Herzen
in mein Herz überströmt,
der Engel und der Sel'gen Speise?
Er, der vom Tod zum Leben sich erhob,
er hat auch mich zu neuem Leben auferweckt
vom Schlaf des Todes.
Und neues Leben gibt er mir von Tag zu Tag,
und einst soll eine Fülle mich durchfluten,
Leben von deinem Leben – ja du selbst:
Heiliger Geist – ewiges Leben!

Bist du der Strahl,
der von des ew'gen Richters Thron herniederzuckt

und einbricht in die Nacht der Seele,
die nie sich selbst erkannt?
Barmherzig-unerbittlich
dringt er in verborg'ne Falten.
Erschreckt vom Anblick ihrer selbst
gewährt sie Raum heiliger Furcht,
dem Anfang jener Weisheit,
die aus der Höhe kommt
und in der Höhe uns fest verankert
deinem Wirken,
das neu uns schafft:
Heiliger Geist – alldurchdringender Strahl!

(ESW XI, 175 f)

Heilige Nacht

(Zur Erinnerung an den 24. XII. 1936)

[...]

„Ist's möglich, Herr, daß einer neu geboren wird, der schon des Lebens Mitte überschritten? Du hast's gesagt, und mir ward's Wirklichkeit. Des langen Lebens Last an Schuld und Leiden fiel von mir.

[...]

O, keines Menschen Herz vermag's zu fassen,
was denen Du bereitet, die Dich lieben.
Nun hab ich Dich und laß Dich nimmermehr.
Wo immer meines Lebens Straße geht, bist Du bei mir.
Nichts kann von Deiner Liebe je mich scheiden."

(Archiv Karmel Köln)

Deinen Händen bette ich mich ein

Ohne Vorbehalt
und ohne Sorgen
leg ich meinen Tag
in Deine Hand.
Sei mein Heute,
sei mein gläubig Morgen,
sei mein Gestern,
das ich überwand.
Frag mich nicht
nach meinen Sehnsuchtswegen –
bin aus deinem Mosaik
ein Stein.
Wirst mich
an die rechte Stelle legen –
Deinen Händen
bette ich mich ein.

(Edith Stein zugeschrieben)

Literatur und Quellenhinweise

1. Edith Steins Werke

(Die Werke Edith Steins erscheinen, z. T. in Zusammenarbeit mit dem Verlag de Maas & Waler, Druten, in einer Werkausgabe im Verlag Herder, Freiburg. Die Abkürzungen in Klammern geben die Zitationsweise im Text an)

Band I: Kreuzeswissenschaft. Studie über Johannes a Cruce, [3]1985; (ESW I).

Band II: Endliches und ewiges Sein. Versuch eines Aufstiegs zum Sinn des Seins, [4]1987; (ESW II).

Band III: Des hl. Thomas von Aquino Untersuchungen über die Wahrheit (Quaestiones disputatae de Veritate). Teil 1: Quaestio 1–13, 1952.

Band IV: Des hl. Thomas von Aquino Untersuchungen über die Wahrheit (Quaestiones disputatae de Veritate). Teil 2: Quaestio 14–29, 1955.

Band V: Die Frau. Ihre Aufgabe nach Natur und Gnade, 1959; (ESW V).

Band VI: Welt und Person. Beitrag zum christlichen Wahrheitsstreben, 1962; (ESW VI).

Band VII: Aus dem Leben einer jüdischen Familie. Kindheit und Jugend, 1985; (ESW VII).

Band VIII: Selbstbildnis in Briefen. Erster Teil: 1916–1934, 1976; (ESW VIII).

Band IX: Selbstbildnis in Briefen. Zweiter Teil: 1934–1942, 1977; (ESW IX).

Band X: Leuven, Romaeus: Heil im Unheil. Das Leben Edith Steins: Reife und Vollendung, 1983.

Band XI: Verborgenes Leben. Hagiographische Essays, Meditationen, geistliche Texte, 1987; (ESW XI).

Band XII: Ganzheitliches Leben. Schriften zur religiösen Bildung, 1989; (ESW XII).

Band XIII: Einführung in die Philosophie, 1991; (ESW XIII).

Band XIV: Briefe an Roman Ingarden. 1917–1938, 1991; (ESW XIV).

Band XV: Erkenntnis und Glaube, 1993; (ESW XV).

Band XVI: Der Aufbau der menschlichen Person, 1994; (ESW XVI).

2. Weitere Quellen

Wie ich in den Kölner Karmel kam. Handschrift im Edith-Stein-Archiv des Kölner Karmel; (WK).

Persönliche Papiere Edith Steins. Originale im Edith-Stein-Archiv in Köln; (A).

Das Gebet der Kirche, aus: Ich lebe und ihr lebet. Herausgegeben von der Akademischen Bonifatiusvereinigung, Paderborn 1936; (GK).

Frauenleben im Licht der Ewigkeit, in: Mädchenbildung auf christlicher Grundlage, Organ des VdkL 7, 28 (1932); (F).

3. Zitierte Sekundärliteratur

Conrad-Martius, Hedwig: Edith Stein. Ein Vortrag, Nachwort in: Edith Stein. Briefe an Hedwig-Conrad-Martius, München 1960; (CM).

Przywara, Erich: In und Gegen. Stellungnahmen zur Zeit, Nürnberg 1955; (EP).

Teresia Renata de Spiritu Sanctu (Posselt): Edith Stein, ein Lebensbild, Nürnberg 1948.